LA RÉPRESSION DU NÉGATIONNISME

BIBLIOTHÈQUES DE DROIT

COLLECTION FONDÉE ET DIRIGÉE PAR JEAN-PAUL CÉRÉ

Cette collection a pour vocation d'assurer la diffusion d'ouvrages scientifiques sur des thèmes d'actualité ou sur des sujets peu explorés dans le domaine des sciences juridiques. Elle se destine notamment à la publication de travaux de jeunes chercheurs.

Dernières parutions :

C. MENABE et J. LEONHARD (dir.), Femmes, mineurs et terrorisme

V. LE TROUHER, Droit pénal des affaires et groupes de sociétés

N. JOUENNE-PEYRAT, L'encadrement pénal de la prostitution des mineurs

J.P. CÉRÉ, Droit disciplinaire pénitentiaire

H. HEDHILI-AZEMA, Droit disciplinaire pénitentiaire de la belle époque

M.C. GLOMET, Consommation de cannabis et droit pénal

C.A. VAZ-FERNANDEZ, Big data et intelligence artificielle au service de la sécurité intérieure en France

A. CHARRIAU, L'avenir du juge unique

M. MANET, Le devenir juridique de la dignité

M. GALLIMARD, L'incrimination de la zoophilie

M. PELTIER-HENRY, Le droit pénal à l'épreuve des neurosciences

T. TOUZEAU, Recel et blanchiment

H. CAPPADORO, Le sens de la peine

M. BONNARD, Le statut juridique de l'assistance médicale à la procréation

BIBLIOTHÈQUE DE *DROIT DE LA PRESSE*

Grégory Thomas

LA RÉPRESSION DU NÉGATIONNISME

Préface de François Rousseau

L'Harmattan

5-7, rue de l'École-Polytechnique, 75005 Paris

http://www.editions-harmattan.fr

ISBN : 978-2-343-25585-9
EAN : 9782343255859

REMERCIEMENTS

Je tiens à remercier tout d'abord Monsieur le Professeur François Rousseau, directeur de ce mémoire, pour m'avoir donné la chance de travailler sur un sujet aussi passionnant que complexe et pour ses précieux conseils.

Je tiens également à remercier l'ensemble de l'équipe pédagogique du Master 2 Droit Pénal et Carrières Judiciaires pour leurs enseignements toujours captivants, mais aussi et surtout pour leur soutien durant cette année quelque peu particulière.

À mes grands-parents

À ma mère,

À Emma.

SOMMAIRE

LISTES DES ABRÉVIATIONS

AJ Pénal	Actualité juridique pénal
Al.	Alinéa
Art(s).	Article(s)
Bull. crim.	Bulletin des arrêts de la chambre criminelle de la Cour de cassation
C.	Contre
CA	Cour d'appel
Cass. ass. plén.	Assemblée plénière de la Cour de cassation
Cass. civ. 1ère	Première chambre civile de la Cour de cassation
Cass. crim.	Chambre criminelle de la Cour de cassation
Cass. soc.	Chambre sociale de la Cour de cassation
CE	Conseil d'État
CEDH	Cour européenne des droits de l'Homme
CSDHLF	Convention de sauvegarde des Droits de l'Homme et des Libertés fondamentales
Ch.	Chambre
Chron.	Chronique
Coll.	Collection
Comm.	Commentaire
Comm. com. électr.	Communication – Commerce électronique
Comm. EDH	Commission européenne des droits de l'Homme
Cons.	Considérant(s)
Cons. const.	Conseil constitutionnel
D.	Recueil Dalloz
DC	Décision de conformité
DDHC	Déclaration des droits de l'Homme et du Citoyen
Dir.	Direction
Dr. pén.	Droit pénal (revue)
Éd.	Édition
Et al.	Et alii
Ex.	Exemple

Fasc.	Fascicule
Gr. ch.	Grande chambre
Ibid.	Ibidem
Infra	Ci-dessous
J-Cl.	JurisClasseur
JCP G	La semaine juridique (édition générale)
JOAN	Compte-rendu officiel des débats de l'Assemblée nationale
JORF	Journal officiel de la République française
JOS	Compte-rendu officiel des débats du Sénat
LGDJ	Librairie générale de droit et de jurisprudence
LPA	Les Petites Affiches
N°	Numéro
Not.	Notamment
Op. cit.	Opus citatum
P., pp.	Page(s)
Préc.	Précédent
PUF	Presses Universitaires de France
QPC	Question prioritaire de constitutionnalité
RDLF	Revue des droits et libertés fondamentaux
RDP	Revue du droit public
Rép. pén. Dalloz	Répertoire de droit pénal et de procédure pénale Dalloz
Req.	Requête
RFDA	Revue française de droit administratif
RFDC	Revue française de droit constitutionnel
RSC	Revue de science criminelle
RTDH	Revue trimestrielle des droits de l'homme
RTD civ.	Revue trimestrielle de droit civil
RUDH	Revue universelle des droits de l'homme
S.	Suivant(s)
STE	Série des traités européens
Supra	Ci-dessus
TGI	Tribunal de grande instance
Trib. corr.	Tribunal correctionnel
V.	Voir
Vol.	Volume

PRÉFACE

François Rousseau
Professeur à l'Université de Nantes
Responsable du Master « Droit pénal et sciences criminelles »

Nous tenons une nouvelle fois à remercier la Bibliothèque de droit pénal des éditions l'Harmattan de permettre la diffusion des travaux de recherche qui font la fierté de l'équipe pédagogique et scientifique du Master « Droit pénal et sciences criminelles » de l'Université de Nantes[1], dont le mémoire de Grégory Thomas que nous avons eu plaisir à diriger.

Grégory Thomas a mené une recherche remarquable sur la répression du négationnisme. Si un tel sujet a déjà été largement investi par la doctrine depuis l'introduction du premier délit de négationnisme issu de la loi Gayssot du 13 juillet 1990, il nous semblait utile de se livrer à un nouvel examen de ce délit depuis sa récente extension par la loi du 27 janvier 2017 relative à l'égalité et à la citoyenneté. Monsieur Thomas n'est pas tombé dans le piège d'une analyse trop politique du sujet et s'est livré à une analyse juridique méticuleuse du délit de négationnisme. Il propose

---

[1] M. Tessier, *Les procédures de la criminalité organisées devant la Cour de cassation*, 2014 ; A. Germon, *Le rôle d'initiative des administrations dans l'action publique*, 2014 ; N. Lory, *La saisie pénale des biens incorporels*, 2015 ; M. Perrin, *Le statut pénal de l'animal*, 2015 ; P. Rousseau, *Autonomie personnelle et Droit pénal*, 2016 ; C. Le Roux, *L'infraction politique*, 2018 ; M. Gallimard, *l'incrimination de la zoophilie*, 2019 ; A. Charriau, *L'avenir du juge unique*, 2019 ; N. Jouenne-Peyrat, *L'encadrement pénal de la prostitution de mineurs*, 2021.

tout d'abord une analyse des éléments constitutifs du délit originel de négationnisme, en en pointant tout à la fois ses défauts techniques et en questionnant sa *ratio legis* afin de démontrer sa légitimité. Puis, il analyse avec le même soin les arguments ayant amené le Conseil constitutionnel à valider « dans l'ombre de la Cour européenne des droits de l'homme » la répression de ce délit au regard de la liberté d'expression. Fort de cette double analyse, il se livre dans un second temps à un examen critique de l'extension du délit par le législateur en 2017 et s'interroge sur la portée d'une telle extension et notamment l'importance accordée au critère de la reconnaissance du crime nié par une décision de justice. Il conclut en rappelant l'importance de la *ratio legis* du négationnisme, à savoir un discours de haine (et non une atteinte à l'autorité de la chose jugée). Le lecteur pourra ne pas partager les conclusions de l'auteur, mais nous ne doutons pas qu'il trouvera dans cet ouvrage des analyses utiles à sa propre réflexion. N'est-ce pas au fond la finalité première d'un travail de recherche ?

Nous voudrions enfin terminer ses lignes pour témoigner de la grande rigueur de Grégory Thomas à l'égard de son travail de recherche ainsi que de ses qualités d'écoute et son humilité. Toutes ses qualités nous ont d'ailleurs convaincu de l'accompagner pour entreprendre une thèse.

La Roche sur Yon, le 24 janvier 2022

INTRODUCTION

1. Il faut « *prêter une extrême attention aux principes propres à une "société démocratique". La liberté d'expression constitue l'un des fondements essentiels de pareille société, l'une des conditions primordiales de son progrès et de l'épanouissement de chacun, (...) elle vaut non seulement pour les "informations" ou "idées" accueillies avec faveur ou considérées comme inoffensives ou indifférentes, mais aussi pour celles qui heurtent, choquent ou inquiètent l'État ou une fraction quelconque de la population. Ainsi le veulent le pluralisme, la tolérance et l'esprit d'ouverture sans lesquels il n'est pas de "société démocratique"* »[2].

Voilà ce qu'affirmait la Cour européenne des droits de l'Homme en 1976 dans l'arrêt Handyside, connu de tous en matière de liberté d'expression. Ce droit est reconnu et encadré par l'article 10 de la Convention de sauvegarde des Droits de l'Homme et des Libertés fondamentales[3], qui a été adoptée au lendemain de la Seconde Guerre mondiale. Aussi, la Cour a pour fonction première de faire respecter cette convention aux États membres, mais peut-être également de lutter contre le retour de la barbarie nazie sur le continent européen, ce qui peut passer par l'interdiction du négationnisme en droit interne.

C'est donc au regard de ces enjeux liés à la liberté d'expression et de lutte contre tout retour d'une idéologie fasciste que l'interdiction des thèses dites initialement révisionnistes à l'égard de la Seconde Guerre mondiale a été un sujet délicat pour la Cour à traiter, d'autant qu'il est

---

[2] CEDH, 7 déc. 1976, *Handyside c. Royaume-Uni*, req. n° 5493/72.

[3] Convention de sauvegarde des droits de l'Homme et des Libertés fondamentales, Rome, 4 nov. 1950, STE n°005 ; « Convention européenne des droits de l'Homme » pour la suite.

évident qu' « *admettre ou même seulement tolérer la négation de l'Holocauste reviendrait donc, pour la Cour européenne des droits de l'homme, à détruire sa raison d'être* »[4]. Cette répression aujourd'hui intervient dans plusieurs pays européens, dont la France qui s'est dotée d'une infraction venant interdire ce que l'on appelle plus justement le négationnisme. Sa répression est donc assurément un enjeu en matière de liberté d'expression, et donc de protection de l'ordre public et des droits des tiers.

2. Le terme « répression » est une notion polysémique, mais dans une acception large, il renvoie à l' « *action de réprimer, de punir* »[5] « *un acte prohibé ou jugé néfaste à une époque et dans une société données* »[6]. La répression peut tout aussi bien intervenir en amont et l'on dira, par exemple, que l'on réprime une manifestation avant qu'elle ne dégénère, qu'en aval et il s'agira alors de l' « *action de réprimer, de prendre des mesures punitives contre ceux qui sont jugés contrevenir aux règles, aux lois ou aux options d'un gouvernement, d'une société ou à la morale* »[7]. La répression peut alors prendre plusieurs formes, puisqu'elle peut être morale, politique, diplomatique, mais aussi et

---

[4] MARGUÉNAUD (J.-P.), « La Cour européenne des droits de l'Homme à l'épreuve du négationnisme », *in* HOCHMANN (Th.) et KASPARIAN (P.) (dir.), *L'extension du délit de négationnisme*, LGDJ, Institut Universitaire Varenne, coll. « Transition & Justice », 2019, p. 17.

[5] Larousse. Répression. Dans *Dictionnaire en ligne*. Internet, consulté le 11/05/2021 : https://www.larousse.fr/dictionnaires/francais/r%C3%A9pression/68493#definition

[6] Dictionnaire de l'Académie française, 9ème éd. Répression. Internet, consulté le 11/05/2021 : https://www.dictionnaire-academie.fr/article/A9R1943

[7] Trésor de la Langue Française informatisé. Répression. Internet, consulté le 11/05/2021 : https://www.lalanguefrancaise.com/dictionnaire/definition/repression

surtout pénale. Dans cette dernière forme, le terme « répression » peut renvoyer soit à la « *fonction étatique consistant, dans la lutte contre la délinquance, à organiser et à mettre en œuvre les sanctions pénales* », soit à « *l'action de réprimer incluant l'incrimination des faits délictueux, la poursuite de leurs auteurs et l'infliction des peines* »[8]. Dans ce second sens, le terme « répression » fait donc référence à un processus plus ou moins long afin de venir sanctionner la commission d'une infraction, c'est-à-dire un « *comportement actif ou passif prohibé par la loi et passible selon sa gravité d'une peine principale, soit d'une peine criminelle, soit correctionnelle, soit de police, éventuellement assortie de peines complémentaires ou accessoires ou de mesures de sûreté* »[9]. C'est ainsi que l'on peut employer le terme « répression » pour désigner soit la lutte contre un phénomène d'ensemble, comme par exemple la délinquance de rue, soit à l'inverse un comportement bien précis, tel que le négationnisme.

3. Le « négationnisme » est un néologisme attribué à l'historien Henry Rousso qui aurait utilisé pour la première fois ce terme en 1987[10]. Ce mot est alors à préférer puisque le « révisionnisme » renvoie à une démarche scientifique « *remettant en cause un dogme ou une théorie* »[11], ce qui est le propre notamment de l'historien puisqu'il rentre dans

---

[8] CORNU (G.), *Vocabulaire juridique*, PUF, 12ème éd., 2018, p. 907.
[9] *Ibid.*, p. 548.
[10] ROUSSO (H.), *Le syndrome de Vichy*, Seuil, Paris, 1987, p. 166 : « *(le révisionnisme de l'histoire étant une démarche classique chez les scientifiques, on préférera ici le barbarisme, moins élégant mais plus approprié, de « négationnisme », traduction du* No holocaust *américain)* ».
[11] Larousse. Révisionnisme. Dans *Dictionnaire en ligne*. Internet, consulté le 11/05/2021 :
https://www.larousse.fr/dictionnaires/francais/r%C3%A9visionnisme/69137

son office naturel de questionner les événements passés en utilisant une méthode scientifique afin de proposer « *une vision du passé qui risque – après un long parcours – d'infléchir les représentations de l'heure* »[12]. Cependant, ce terme a rapidement été utilisé pour d'abord désigner « *la doctrine de ceux qui remettent en cause les fondements du marxisme* »[13], avant de ne concerner plus que les événements commis durant la Seconde Guerre mondiale, et notamment le génocide commis à l'encontre des juifs. C'est ainsi que des individus ont pu remettre en cause ce génocide tout en présentant leurs propos et écrits comme d'authentiques travaux scientifiques puisqu'ils n'entendaient que « réviser » l'Histoire.
Cependant, la réalité derrière ces propos est tout autre et cache bel et bien un antisémitisme profond contre lequel il a fallu lutter. C'est ainsi pour appuyer sur le caractère non-scientifique de tels propos que le terme « négationnisme »[14] a été préféré pour définir une « *interprétation déformée de l'histoire, contestant la réalité et les preuves de l'extermination de la population juive d'Europe par les nazis, et niant plus particulièrement l'existence des chambres à gaz dans les camps d'extermination* »[15]. Il semble exister trois formes principales de négationnisme[16] : le négationnisme simple, qui conteste seulement des

---

[12] ROUSSO (H.), *op. cit.*, p. 14.
[13] Cordial. Révisionnisme. Internet, consulté le 11/05/2021 : https://www.cordial.fr/dictionnaire/definition/r%C3%A9visionnisme.php
[14] Pour la suite de nos développements, le terme « négationnisme » sera préféré au terme « révisionnisme » même si les deux pourront être utilisés indifféremment.
[15] Dictionnaire de l'Académie française, 9ème éd. Négationnisme. Internet, consulté le 11/05/2021 : https://www.dictionnaire-academie.fr/article/A9N0220
[16] HOCHMANN (Th.), *Le négationnisme face aux limites de la liberté d'expression : Étude de droit comparé*, Paris, Pedone, 2013, p. 25, n° 5.

événements sans viser une communauté quelconque ; le négationnisme qualifié, qui lui renferme une attaque envers un groupe donné et le négationnisme argumenté au sein duquel les arguments avancés se drapent d'une façade scientifique pour soutenir les thèses développées. Ce qui est sûr, c'est qu'aujourd'hui le terme « négationnisme » ne fait plus seulement référence à la seule négation des crimes nazis commis durant la Seconde Guerre mondiale, mais plus généralement à la négation de n'importe quel crime contre l'humanité.

4. Quoi qu'il en soit, lorsque l'on parle de réprimer le négationnisme, cela signifie nécessairement réprimer une forme d'expression de la parole, portant ainsi atteinte à la liberté d'expression. Au niveau national, les articles 10 et 11 de la Déclaration des droits de l'Homme et du Citoyen[17] prévoient expressément que la liberté d'expression est garantie à condition qu'elle « *ne trouble pas l'ordre public établi par la Loi* »[18], sous couvert de quoi l'individu pourrait être amené à « *répondre de l'abus de cette liberté dans les cas déterminés par la Loi* »[19]. Au niveau européen, l'article 10 de la Convention européenne des droits de l'Homme consacre tout à la fois la liberté d'expression, mais permet dans le même temps de l'encadrer sous certaines conditions. Il est ainsi admis que le législateur puisse donc adopter des lois qui viennent encadrer la liberté d'expression lorsque celle-ci entraine des conséquences néfastes, notamment à l'ordre public mais aussi aux droits des tiers.

S'il n'existe pas un modèle universel, force est de constater que beaucoup de législations passent par le droit pénal afin

---

[17] Déclaration du 26 août 1789 des Droits de l'homme et du citoyen, Recueil Duvergier, p. 44.

[18] Art. 10 DDHC.

[19] Art. 11 DDHC.

d'encadrer la liberté d'expression. Cette voie permet à la fois de restreindre cette liberté, tout en la protégeant d'atteintes injustifiées car chaque restriction devra respecter tous les principes propres à la matière pénale, et notamment le principe de légalité criminelle. C'est ainsi que le législateur français a décidé très tôt d'encadrer la liberté d'expression par le biais du droit pénal en adoptant la loi du 29 juillet 1881 sur la liberté de la presse[20], et dans laquelle se trouve toutes les infractions spécifiques à la liberté d'expression. Au fil des années cette loi a pu être largement étoffée et est toujours aujourd'hui en vigueur malgré des rumeurs permanentes évoquant sa future abrogation. C'est en tout cas au regard des conditions posées aux niveaux constitutionnel et européen que la liberté d'expression peut être restreinte, notamment afin de lutter contre le négationnisme puisque définitivement porteur d'idées antisémites à l'origine.

5. C'est en effet d'abord concernant les propos remettant en cause le génocide des juifs[21] que s'est posée la question de la répression du négationnisme, question qui conduit donc à s'interroger sur la manière dont notre droit a pu répondre à ce comportement particulier. La réponse à cette question n'est pas évidente, preuve en est que notre droit a longtemps tâtonné avant de trouver une solution peu ou prou satisfaisante, et l'histoire des thèses négationnistes permet ainsi de mieux comprendre les évolutions législatives françaises. Si l'antisémitisme n'a jamais vraiment disparu depuis la Seconde Guerre mondiale, il est indubitable qu'il a connu un nouvel élan dans les années

---

[20] Loi du 29 juillet 1881 *sur la liberté de la presse*, JORF n° 0206 du 30 juillet 1881.

[21] Les termes « génocide des juifs », « Holocauste » et « Shoah » seront utilisés ici indifféremment pour faire référence à l'entreprise d'extermination menée par l'Allemagne nazie durant la Seconde Guerre mondiale à l'encontre de la population juive.

1980 avec la popularisation d'idées négationnistes par le biais de la littérature. La thèse principale que l'on retrouvait dans ces ouvrages, loin de se cantonner à simplement nier l'existence du génocide des juifs, était souvent accompagnée « *d'accusations prêtant au peuple juif la manipulation de l'Histoire pour l'obtention de l'État d'Israël et de dédommagements conséquents de l'État allemand* »[22]. C'est ainsi qu'il ne s'agissait plus seulement d'ouvrages ouvertement antisémites et négationnistes[23], mais de thèses présentées comme scientifiques dont les auteurs se targuaient d'être des révisionnistes persécutés pour ce qu'ils seraient, c'est-à-dire des historiens.

6. Mais faute d'infraction spéciale au départ, des associations se sont tournées vers le juge civil en se fondant sur l'ancien article 1382 du Code civil (1240 nouveau) pour obtenir réparation. C'est notamment sur ce fondement que Robert Faurisson fut condamné en 1983 en raison des positions « *aussi blessantes pour les survivants des persécutions raciales et de la déportation qu'outrageantes pour la mémoire des victimes, dont le grand public se trouve incité à méconnaître les souffrances, si ce n'est à les mettre en doute* »[24]. Cependant, le juge civil s'est retrouvé dans une position délicate où, pour juger des thèses qui se présentaient de plus en plus sous une forme pseudo-scientifique, il en est arrivé à juger la méthode utilisée par

---

[22] BESSE (Th.), *La pénalisation de l'expression publique*, LGDJ, Institut Francophone pour la Justice et la Démocratie, 2019, p. 148, n° 168.

[23] Deux ouvrages reviennent régulièrement sur ces questions, à savoir *Le mensonge d'Ulysse* de Paul Rassinier ainsi que *Nuremberg ou la terre promise* de Maurice Bardèche.

[24] CA Paris, 26 avril 1983, JurisData n° 1983-022887 (R. Faurisson).

les négateurs. Si certains auteurs[25] ont pu alors contester cette manière de juger la « méthode pour écrire l'Histoire », d'autres[26] en revanche n'y ont pas vu d'impossibilité pratique, d'autant que ces négateurs ne sont bien souvent en rien des historiens. Mais ce passage par le juge civil ne permettait pas d'obtenir pleinement satisfaction tant les condamnations étaient rares car il était parfois difficile d'identifier une véritable faute civile délictuelle.

7. C'est ainsi pour lutter contre l'explosion des thèses négationnistes dans tous les milieux[27], et face à l'inefficace et peut-être inopportun recours au juge civil, que le contentieux s'est tourné vers le pénal en se fondant d'abord sur les infractions dites de la loi Pleven[28], à savoir l'injure, la diffamation et la provocation à caractère racial. Cependant, la caractérisation de ces infractions était parfois difficile car elles « *exigeaient la réunion d'éléments constitutifs que les formes les plus insidieuses d'expression négationniste ne présentaient que rarement en raison du style scientifique volontairement emprunté par leurs*

---

[25] DROIN (N.), *Les limitations à la liberté d'expression dans la loi sur la presse du 29 juillet 1881. Disparition, permanence et résurgence du délit d'opinion*, Institut Universitaire Varenne, LGDJ, coll. « Collection des Thèses », n° 35, 2010, pp. 218 s.

[26] HOCHMANN (Th.), *op. cit.*, pp. 180 s.

[27] Notamment universitaire, avec par exemple l'annulation en 1986 de la thèse soutenue par Henri Roques à Nantes en 1985 qui avait pour sujet *Les « confessions » de Kurt Gerstein. Étude comparative des différentes versions. Édition critique*. Elle fut annulée officiellement pour « irrégularités administratives et faux en écritures publiques », même si elle le fut de manière plus officieuse pour négationnisme. En effet, sous l'impulsion de Robert Faurisson qui lui proposa son sujet de thèse, Henri Roques entendait remettre en cause l'existence des chambres à gaz par une lecture déformante des confessions de Gerstein.

[28] Loi n° 72-546 du 1er juillet 1972 *relative à la lutte contre le racisme*, JORF n° 0154 du 2 juillet 1972.

auteurs »[29]. De plus, le juge devait « *jongler entre les différents textes applicables, ce qui rendait parfois difficile les condamnations, et aboutissait à des conclusions différentes suivant le fondement* »[30]. La procédure en matière de presse n'arrangeant rien, « *n'étaient alors susceptibles de tomber sous le coup de la loi pénale que les formes les plus agressives et ouvertement antisémites du négationnisme* »[31]. C'est donc au regard de ces raisons, mais aussi à la suite de la profanation d'un cimetière juif à Carpentras dans la nuit du 8 au 9 mai 1990 et de manière plus générale d'un « *climat politique et social propice au renforcement de l'appareil législatif déjà en vigueur* »[32] qu'une infraction spéciale a pu voir le jour, mais après de nombreux et houleux débats parlementaires et trois refus d'adoption au Sénat[33].

8. C'est ainsi que la loi dite Gayssot a pu être adoptée le 13 juillet 1990[34] et par laquelle le législateur est venu introduire un article 24 *bis* venant réprimer le négationnisme dans la loi de 1881, mais uniquement lorsque celui-ci portait sur les crimes commis durant la Seconde Guerre mondiale. « *La loi Gayssot comblait donc les lacunes de la loi Pleven (...) en captant dans son champ d'application l'ensemble des formes d'expression caractérisant une intention de leur auteur de nier publiquement l'existence des évènements constitutifs de la*

---

[29] BESSE (Th.), *op. cit.*, p. 149, n° 169.
[30] DROIN (N.), *op. cit.*, p. 226, n° 254.
[31] BESSE (Th.), *op. cit.*, p. 150, n° 169.
[32] *Ibid.*
[33] Pour un résumé de la procédure législative et des arguments soulevés en opposition à la loi, v. DE LAMY (B.), *La liberté d'opinion et le droit pénal*, LGDJ, 2000, pp. 375 s.
[34] Loi n° 90-615 du 13 juillet 1990 *tendant à réprimer tout acte raciste, antisémite ou xénophobe*, JORF n° 0162 du 14 juillet 1990.

Shoah »[35]. L'infraction créée par le législateur en 1990 a ainsi toute sa place dans la loi de 1881 puisque l'article 24 *bis* prévoit, comme tout délit de presse, que la contestation doit avoir été réalisée par l'un des moyens énumérés à l'article 23 de la même loi. Ainsi, ne sont incriminés que les propos négationnistes tenus publiquement, pareille interdiction n'existant pas si les propos ont été tenus dans un cadre privé. De plus, tout le régime particulier des infractions de presse est applicable[36], notamment la responsabilité dite « en cascade »[37]. La loi du 9 mars 2004[38] est venue cependant créer un article 65-3 dans la loi de 1881, venant prévoir que l'article 24 *bis* se voit désormais appliquer non plus un délai de prescription de trois mois mais d'un an.

9. Mais si l'infraction est classique dans sa conception au regard des autres délits de presse, il n'en demeure pas moins qu'elle est spéciale au regard de son objet, puisque celle-ci n'avait vocation, jusqu'en 2017, qu'à interdire la contestation des crimes commis durant la Seconde Guerre mondiale, et uniquement durant cette période. Plusieurs arguments ont pu être avancés à ce propos, que ce soit pour justifier le champ restreint de l'infraction ou au contraire pour le dénoncer, voire même pour remettre en cause l'infraction dans son existence même. Si des critiques n'ont eu de cesse de voir le jour depuis, il faut bien convenir que l'infraction a tenu bon et tient toujours. Le législateur, après plusieurs tentatives, et à la suite d'une censure quelque peu étrange de la part du Conseil constitutionnel, a pu étendre

---

[35] BESSE (Th.), *op. cit.*, p. 152, n° 172.

[36] VÉRON (M.), *Droit pénal spécial*, Sirey, coll. Université, 17ème éd., 2019, pp. 23-24, n° 31.

[37] Art. 42 de la loi du 29 juillet 1881 sur la liberté de la presse.

[38] Loi n° 2004-204 du 9 mars 2004 *portant adaptation de la justice aux évolutions de la criminalité*, JORF n° 59 du 10 mars 2004.

le délit de négationnisme en 2017[39] à la contestation de tous les crimes contre l'humanité reconnus comme tels par une décision de justice. Cette extension résulte peut-être bel et bien d'une incompréhension partagée par beaucoup d'auteurs sur les véritables éléments constitutifs de l'article 24 *bis* originel, mais aussi et surtout des décisions ésotériques du Conseil constitutionnel sur le négationnisme.

10. Ainsi, l'article 24 *bis* comporte désormais en son sein deux infractions bien distinctes puisqu'avec des champs d'application différents. Si le négationnisme et sa répression ont pu faire l'objet de très nombreux ouvrages juridiques, de thèses, de commentaires en doctrine, ou encore de colloques, force est de constater que bien souvent seul un pan du délit tel qu'il existe aujourd'hui est commenté, ou du moins si les deux sont évoqués, les influences que chacun a pu avoir sur l'autre ne sont que peu exposées, et d'éventuels palliatifs que trop peu souvent proposés. Mais c'est pourtant à propos de ce jeu d'influence que demeure tout le nœud du problème : la mauvaise compréhension du délit d'hier a sans doute engendré le délit d'aujourd'hui et son extension dont les conséquences sont encore incertaines mais qui pourraient peut-être bel et bien concerner l'infraction dans son ensemble. En effet, si l'incrimination du négationnisme en 1990 avait pour but affiché de lutter contre le racisme et l'antisémitisme, il n'est pas sûr qu'aujourd'hui cette lutte soit toujours au cœur de la raison d'être de l'article 24 *bis* au regard des conséquences qu'a pu avoir son extension en 2017.

11. De toute cela, on semble amené à se questionner sur le négationnisme en tant que délit de presse, et donc à se

---

[39] Loi n° 2017-86 du 27 janvier 2017 *relative à l'égalité et à la citoyenneté*, JORF n° 0024 du 28 janvier 2017.

demander si les conditions requises pour porter atteinte à la liberté d'expression sont caractérisées. Il ne s'agira pas d'étudier la répression du négationnisme par le prisme des peines encourues en tant qu'infraction de presse[40], ni même de son application en pratique en essayant d'identifier une politique pénale en la matière, ou encore de se questionner à titre principal sur la pertinence du choix opéré par le législateur d'incorporer cette infraction dans la loi sur la presse et de la soumettre à une procédure dérogatoire, faute de quoi le champ d'étude serait beaucoup trop large, d'autant que ces questions ne nous renseignent en rien ou que très peu sur les éléments constitutifs du délit et sa raison d'être profonde.

Il ne s'agira pas non plus de tomber dans une analyse historique des crimes concernés par l'infraction et de statuer sur la réalité ou non de ceux-ci. Il serait en effet préjudiciable à l'analyse de cette infraction d'y allier des considérations historiques, tant l'interdiction de nier un crime ne dépend pas de la réalité de celui-ci, mais plutôt des conséquences que de tels propos peuvent entrainer. Face au délit de négationnisme, nous ne sommes pas confrontés à une question historique, mais « *à une question juridique se posant relativement à l'histoire* »[41]. De plus, et puisque cette analyse nous amènera à nous questionner sur les conséquences nécessaires pour incriminer le négationnisme, les exemples de crimes contre l'humanité resteront rares afin de ne pas choquer, blesser ou offenser une quelconque communauté, ou au contraire pour éviter une accusation de parti pris dans ces développements. Ce

---

[40] L'article 24 *bis* prévoit une peine d'emprisonnement, ce qui fait de lui l'un des six articles de la loi de 1881 qui prévoient une peine d'emprisonnement (arts. 24, 24 *bis*, 32, 33, 40, 39 *quater*).

[41] LE MASSON (J.-M.), « La recherche de la vérité dans le procès civil », *Droit et société*, 1998, n° 38, p. 27 (cité par DROIN (N.), *op. cit.*, p. 219, note 896).

qui est certain, c'est que les questions liées au racisme, à l'antisémitisme et à la xénophobie dépassent, et de loin, le simple cadre du droit. Mais c'est peut-être pour cette raison qu'en s'en tenant au droit, le débat sur les éléments constitutifs et les justifications de l'incrimination du négationnisme pourra être le plus dépassionné possible et ainsi être recentré comme il se doit.

12. En effet, l'incrimination du négationnisme est un sujet compliqué, autant en raison de son atteinte à la liberté d'expression que des intérêts qui sont en jeux. Si seul l'article 24 *bis* tel que prévu en 1990 était étudié, alors la question à se poser aurait été la suivante : quelle justification pour quelle incrimination du négationnisme ? En effet, aborder la répression du négationnisme nécessite à la fois d'étudier les éléments constitutifs du délit, mais aussi d'étudier la justification de cette répression.
Cette étude est d'autant plus importante qu'il semble légitime de penser que toute extension de l'infraction devrait se faire en respectant la justification du délit de 1990. Dans cette hypothèse, le délit serait constitué de deux pans mais qui ne représenteraient que les deux faces d'une même pièce puisque soumis à une même justification en poursuivant un objectif commun, celui de lutter contre le racisme, l'antisémitisme et la xénophobie. Cependant, de nombreux éléments laissent à penser que tel ne fut pas le cas lors de l'extension effective du délit en 2017, au contraire même. Ainsi, la question qui se pose face à la répression du négationnisme est aujourd'hui nécessairement au pluriel : quelles justifications pour quelles incriminations du négationnisme ?

13. L'étude de l'article 24 *bis* originel permettra de mettre en lumière les éléments constitutifs et la justification de ce délit si souvent critiqué mais selon des arguments inadéquats, qu'il conviendra donc de déconstruire afin de replacer l'étude de cette infraction sur des bases saines (**Partie 1**). Cependant, face à la demande continue d'étendre le délit, et guidé par des raisonnements maladroits, le législateur a fini par étendre l'infraction selon un critère regrettable qui appelle, en raison de ses conséquences pernicieuses sur l'ensemble du délit, à une adaptation de la lutte contre le négationnisme, que ce soit par l'abrogation du délit ou par sa modification profonde (**Partie 2**).

Partie 1 : Aux origines : la pénalisation de la négation des crimes contre l'humanité commis durant la Seconde Guerre mondiale

14. Le négationnisme des crimes commis durant la Seconde Guerre mondiale est aujourd'hui réprimé, et ce depuis la loi dite Gayssot du 13 juillet 1990[42], à l'article 24 *bis*[43] de la loi du 29 juillet 1881 sur la liberté de la presse. Le texte d'incrimination est ainsi rédigé :

> « *Seront punis d'un an d'emprisonnement et de 45 000 € d'amende ceux qui auront contesté, par un des moyens énoncés à l'article 23, l'existence d'un ou plusieurs crimes contre l'humanité tels qu'ils sont définis par l'article 6 du statut du tribunal militaire international annexé à l'accord de Londres du 8 août 1945 et qui ont été commis soit par les membres d'une organisation déclarée criminelle en application de l'article 9 dudit statut, soit par une personne reconnue coupable de tels crimes par une juridiction française ou internationale* »[44].

---

[42] Loi n° 90-615 du 13 juillet 1990 *tendant à réprimer tout acte raciste, antisémite ou xénophobe*, JORF n° 0162 du 14 juillet 1990.

[43] Pour la suite de cette partie, l'expression « article 24 *bis* » renverra uniquement à l'incrimination du négationnisme lorsqu'il porte sur les crimes commis durant la Seconde Guerre mondiale, et non à l'extension de l'article intervenue en 2017, sauf précision contraire.

[44] Version de l'alinéa 1er de l'article 24 *bis* en vigueur depuis le 15 novembre 2014 (avant cette date, les peines étaient plus fortes).

15. La rédaction quelque peu complexe du texte d'incrimination nécessite de revenir sur les éléments constitutifs du délit. Les éléments tant matériel qu'intentionnel ont pu en effet poser quelques difficultés, que ce soit en doctrine ou en jurisprudence, et ce pour diverses raisons. Du reste, l'existence même du délit a pu soulever bon nombre de critiques mais pour la plupart impropres à remettre en cause l'existence et l'utilité de l'infraction (**Chapitre 1**). Privé d'un contrôle de constitutionnalité *a priori*, le texte fut finalement examiné par le Conseil constitutionnel à la suite d'un long périple jurisprudentiel. Le « sceau constitutionnel » lui fut ainsi décerné en 2016, mais sans doute dans l'ombre de la jurisprudence de la Cour européenne des droits de l'Homme qui a pu jouer un rôle essentiel dans la justification du délit (**Chapitre 2**).

Chapitre 1 : Définition et réflexions sur le délit de négationnisme pour un juste débat

16. À la lecture de l'article 24 *bis* de la loi du 29 juillet 1881 sur la liberté de la presse, et au regard des débats qu'il y a pu avoir sur cette infraction, il semble nécessaire de revenir sur les éléments constitutifs de celle-ci. En effet, la rédaction quelque peu alambiquée du texte peut poser question, notamment sur la nature des propos réprimés ainsi que sur leur objet. L'élément intentionnel devra également être précisé, d'autant qu'en la matière un récent arrêt de la Cour de cassation semble avoir amorcé la disparition d'un élément contestable et pourtant exigé afin de caractériser l'infraction jusqu'à maintenant (**Section 1**). Ces précisions faites, il n'en demeure pas moins que l'incrimination du négationnisme a beaucoup fait parler en France et continue de faire parler aujourd'hui. Que ce type de délit fasse débat ne surprend guère et semble même sain dans un État démocratique où la liberté d'expression est un droit fondamental, mais c'est à la condition que l'infraction dont il est question soit bien comprise. Or, cela ne semble pas être le cas chez tous les commentateurs du délit qui n'ont pas hésité à voir dans le texte incriminant le négationnisme un critère qui en réalité n'existe pas, ce qui va avoir des conséquences bien au-delà de ce que l'on pourrait croire (**Section 2**).

Section 1. Les éléments constitutifs de l'infraction originelle

17. Lorsque l'on étudie l'article 24 *bis*, il est important de bien comprendre quels sont les propos incriminés ainsi que l'objet de l'interdiction (**§1**). Si ces sujets ont trouvé assez rapidement des réponses en jurisprudence, demeure l'épineuse question de l'intention et plus précisément de la mauvaise foi comme élément caractéristique du délit (**§2**).

§1. Un délit au champ d'application restreint

18. La rédaction de l'infraction a pu questionner quant à sa portée réelle, et la jurisprudence n'a pas hésité très tôt à admettre une interprétation large du terme « contesté » (**A**), sans pour autant perdre de vue que l'incrimination telle que prévue originellement ne concerne qu'une période précise de l'histoire pour des auteurs de crimes précisément identifiés (**B**).

A. Des propos incriminés aux contours opportunément flous…

19. Dans le texte d'incrimination du négationnisme de 1990, le législateur est venu parler de « contestation » et non de « négation », ce qui a pu questionner sur la portée exacte de ce terme. Après l'adoption quelque peu compliquée du délit, la doctrine s'est opposée sur la signification à donner à ce terme[45]. Toutefois, le législateur a sans doute préféré ce mot afin d'appréhender au mieux toutes les formes de négation puisque permettant « *de punir la négation de l'existence des crimes contre l'humanité, mais également leur mise en doute* »[46]. Aussi, la contestation peut n'être que « *partielle, nuancée,*

---

[45] FELDMAN (J.-P.), « Les éléments constitutifs du délit de contestation de crime contre l'humanité », *D.*, 1998, p. 50.

[46] DE LAMY (B.), *La liberté d'opinion et le droit pénal*, LGDJ, 2000, p. 366, n° 567.

conditionnelle ou interrogative »[47], la répression pourra jouer. « *Par le choix de ce terme, apparaît nettement la volonté du législateur d'interdire toute remise en cause, tout révisionnisme qui sont nécessairement des formes de contestations* »[48]. Cette vision de l'article 24 *bis* sera d'ailleurs confirmée par la chambre criminelle de la Cour de cassation[49] en ce « *que la contestation de l'existence de crimes contre l'humanité entre dans les prévisions de l'article 24* bis *de la loi du 29 juillet 1881 même si elle est présentée sous une forme déguisée ou dubitative ou par voie d'insinuation* »[50].

20. Mais qu'en est-il lorsque les propos, loin de nier la réalité, viennent minimiser celle-ci ? Il est important de noter que cette question est centrale car avant l'adoption de la loi Gayssot, les négationnistes avaient pu développer des techniques et méthodes afin d'échapper à toute répression et affirmaient devant les tribunaux qu'ils ne niaient aucun génocide (juif principalement) mais réalisaient un simple travail de « révision »[51]. Là encore, le terme de

---

[47] VÉRON (M.), « Le renforcement du dispositif répressif contre la discrimination et le racisme. Présentation des lois des 12 et 13 juillet 1990 », *Dr. pén.*, 1990, chronique, p. 2.

[48] *Ibid.*

[49] Mais aussi et avant cela dans un jugement du TGI Paris, 17ème ch., 18 avr. 1991 (Faurisson) : l'article 24 *bis* rend délictueuse « *toute contestation même inscrite dans un discours logique et cohérent dès lors qu'elle conduit à contester en les niant en des termes de mépris envers les victimes l'existence d'un crime contre l'humanité ayant entraîné des condamnations de ce chef par le Tribunal militaire international* » ; cité par BATSELÉ (D.), HANOTIAU (M.) et DAURMONT (O.), « La lutte contre le racisme et la xénophobie, mythe ou réalité (2ème partie) », *RTDH*, 1991, p. 441.

[50] Cass. crim., 29 janv. 1998, n° 96-82.731.

[51] Pour une distinction claire entre négationnisme et révisionnisme, v. par ex. : GRANDJEAN (G.), « La répression du négationnisme en Belgique : de la réussite législative au blocage politique », *Droit et Société*, vol. 77, n° 1, 2011, pp. 137-160, v. not. p. 140.

« contestation » semble permettre d'appréhender ce type de comportement par une interprétation large mais non pas abusive du texte par la jurisprudence, d'autant que cela semble concorder avec la volonté du législateur au regard des travaux parlementaires[52]. C'est ainsi que la Cour de cassation confirmera cette portée du texte dans un arrêt en date du 17 juin 1997[53] dans lequel elle précisera « *que si la contestation du nombre des victimes (...) n'entre pas dans les prévisions de l'article 24* bis *de la loi du 29 juillet 1881, la minoration outrancière de ce nombre caractérise le délit (...) prévu et puni par ledit article, lorsqu'elle est faite de mauvaise foi* »[54]. Il est clair alors que cette jurisprudence « *étend l'incrimination de la contestation de l'existence même du crime à la contestation de l'ampleur de ce crime* »[55].

21. Ainsi, le terme de « contestation » est doublement utile, car il permet à la fois de réprimer la négation de l'existence des crimes visés, c'est-à-dire « *la réfutation globale des crimes* »[56], mais aussi leur minimisation, leur

---

[52] Rapport fait au nom de la commission des lois, *Sénat*, n° 337, 31 mai 1990, LEDERMAN (C.), p. 56 : « *Il faut donc d'abord qu'il y ait eu contestation d'un ou plusieurs crimes contre l'humanité, c'est-à-dire leur négation, leur mise en doute ou leur minimisation* ».

[53] Cass. crim., 17 juin 1997, n° 94-85.126, *Bull. crim.*, n° 236 ; note FELDMAN (J.-P.), *préc.*

[54] La formule « *minoration outrancière* » se rapproche de la formule « *minoration grossière* » que l'on retrouve dans les lois autrichienne, belge et suisse réprimant le négationnisme et qui n'a, semble-t-il, jamais posé de problème dans ces pays, v. HOCHMANN (Th.), « La question mémorielle de constitutionnalité (à propos de la décision du 28 février 2012 du Conseil constitutionnel) », *Droit & Philosophie*, vol. 4, 2012.

[55] VÉRON (M.), *Droit pénal spécial*, Sirey, coll. Université, 17ème éd., 2019, pp. 23-24, n° 31.

[56] VÉRON (M.), « Le renforcement du dispositif répressif contre la discrimination et le racisme. Présentation des lois des 12 et 13 juillet 1990 », *préc.*

banalisation, donc « *toute discussion tendant à remettre en cause leur exacte réalité* »[57]. La jurisprudence est même allée plus loin récemment dans l'interprétation de ce terme, en ce qu'elle est venue reconnaitre un « *négationnisme graphique* »[58] concernant la Une d'un journal[59] ; ou encore en venant caractériser le délit pour la publication de deux tweets venant nier par insinuation les souffrances subies par les juifs durant la Seconde Guerre mondiale[60]. Cette jurisprudence, extensive il est vrai[61], semble toutefois bienvenue tant « *admettre un négationnisme indirect peut constituer une sage précaution pour lutter contre cette délinquance de plume habile à dissimuler ses véritables intentions* »[62]. Toutefois, ces propos doivent se rapporter à un objet bien précis qui est appréhendé restrictivement en jurisprudence, et à raison.

B. … Devant porter sur des crimes aux auteurs bien identifiés

22. Si le législateur a fait le choix d'un terme assez large pour venir sanctionner une pléthore de propos, il l'a fait en

---

[57] DE LAMY (B.), J-CL. Communication, Fasc. 3160, *Révisionnisme*, n° 19.

[58] DREYER (E.), « Droit de la presse », *D.*, 2020, p. 237, n° 5.

[59] Cass. crim., 26 mars 2019, n° 18-81.770 (A. Soral) : le dessin venait insinuer selon une Cour d'appel que la Shoah ne serait pas une réalité historique incontestable, ce que la Cour de cassation confirme.

[60] Cass. crim., 13 nov. 2019, n° 18-85.263 (H. de Lesquen et Avocats sans frontières).

[61] Mais il faut identifier une contestation ou une négation pour retenir l'infraction. Tel n'est pas le cas d'un dessin, intitulé « Pornographie mémorielle », qui « *représente une femme vêtue d'une guêpière, avec des étoiles de David apposées sur la poitrine, se tenant debout devant une représentation de l'entrée du camp de concentration d'Auschwitz-Birkenau, tenant des pièces de monnaie dans une main et un soutien-gorge dans l'autre* » : Cass. crim., 26 nov. 2019, n° 19-80.782.

[62] DREYER (E.), *préc.*

cantonnant cette répression a un objet bien précis. Tout d'abord, si l'on décortique la formulation de l'article 24 *bis*, la référence au statut du Tribunal de Nuremberg[63] permet de limiter le champ d'application de l'infraction à la Seconde Guerre mondiale[64] puisque l'article 6 alinéa 1er du statut du Tribunal précise que celui-ci n'est compétent que pour juger toute personne ayant agi « *pour le compte des pays européens de l'Axe* »[65]. Mais le législateur, sans doute afin de renforcer ce point[66], est venu poser une condition supplémentaire relative aux auteurs des crimes niés puisque ces derniers doivent avoir été commis « *soit par les membres d'une organisation déclarée criminelle en application de l'article 9 dudit statut, soit par une personne reconnue coupable de tels crimes par une juridiction française ou internationale* ». C'est donc un critère alternatif qui est posé : soit le crime a été commis par un ou plusieurs individus ayant fait partie d'une organisation déclarée criminelle[67] auquel cas l'on n'a pas besoin de savoir s'ils ont été condamnés pour de tels crimes, soit ils

---

[63] Accord concernant la poursuite et le châtiment des grands criminels de guerre des Puissances européennes de l'Axe et statut du tribunal international militaire, Londres, 8 août 1945, Recueil des traités des Nations Unies, vol. 82, pp. 281-301.

[64] ANDRÉ (C.), *Droit pénal spécial*, Dalloz, coll. Cours, 5ème éd., 2019, p. 61, n° 51.

[65] Cette restriction du champ d'application de l'infraction n'a toutefois pas découragé (avant 2017) certaines actions en justice afin d'obtenir une condamnation sur le fondement de l'article 24 *bis* mais pour des crimes commis en dehors de la Seconde Guerre mondiale. Ce fut notamment le cas pour le génocide arménien, v. par ex. : Trib. corr. de Paris, 18 novembre 1994, non publié ; cité par ROUMELIAN (O.), « Un délit d'opinion au service des droits de l'homme ? », *LPA*, 1996, n° 21, p. 10.

[66] DE LAMY (B.), *La liberté d'opinion et le droit pénal*, *op. cit.*, p. 368, n° 568.

[67] Elles sont au nombre de quatre : le corps des chefs politiques du parti nazi, la *Schutzstaffel* (SS), la *Geheime Staatspolizei* (Gestapo) et le *Sicherheitsdienst* (SD).

l'ont justement été à titre individuel et alors il n'est pas nécessaire qu'ils aient appartenu à une telle organisation. On peut également noter que l'article 24 *bis* renvoie au statut du Tribunal pour la définition des crimes niés, ce qui s'explique puisqu'au moment de l'adoption de la loi Gayssot le Code pénal français ne connaissait pas les crimes contre l'humanité[68]. Ainsi, il est interdit de nier les crimes définis par l'article 6 c) du statut du Tribunal de Nuremberg[69], mais sans qu'il soit nécessaire qu'une décision du Tribunal ait qualifié le crime nié de crime contre l'humanité[70]. Cette référence à la définition présente dans le statut signifie simplement que les propos qui ont été tenus doivent venir nier des faits qui s'apparentent à un crime contre l'humanité[71], sans que soit nécessaire

---

[68] Il faudra attendre le Code pénal de 1994 et les articles 211-1 et s. pour voir apparaitre une définition en droit interne des crimes contre l'humanité. Avant cela, l'on peut simplement noter que la loi n° 64-1326 du 26 décembre 1964 *tendant à constater l'imprescriptibilité des crimes contre l'humanité* (JORF n° 0303 du 29 décembre 1964) est venue inscrire le crime contre l'humanité dans le droit interne français, mais en faisant référence à la résolution des Nations Unies du 13 février 1946 et à la charte du tribunal international du 8 août 1945.

[69] À savoir « *l'assassinat, l'extermination, la réduction en esclavage, la déportation, et tout autre acte inhumain commis contre toutes populations civiles, avant ou pendant la guerre, ou bien les persécutions pour des motifs politiques, raciaux ou religieux, lorsque ces actes ou persécutions, qu'ils aient constitué ou non une violation du droit interne du pays où ils ont été perpétrés, ont été commis à la suite de tout crime rentrant dans la compétence du Tribunal, ou en liaison avec ce crime* ».

[70] V. *infra* n° 51 s.

[71] Par exemple, nier l'existence des chambres à gaz durant la Seconde Guerre mondiale s'apparente bien à la négation du génocide des juifs, ou en tout cas d'un élément caractéristique de ce génocide sans que l'on ait besoin d'identifier précisément une décision du Tribunal de Nuremberg qui porterait sur de tels faits. D'autant qu'en réalité les procès de ce Tribunal n'ont que peu parlé des crimes contre l'humanité, préférant la question des crimes de guerre.

d'identifier une décision de justice appliquant aux faits niés une telle qualification.

23. Mais ce renvoi au Tribunal de Nuremberg n'a pas été sans poser problème pour certains, tant de fortes réserves ont pu être émises à son encontre. La principale critique est sans doute celle soutenant qu'en ayant créé ce Tribunal, les pays à son origine auraient institué une « justice des vainqueurs », ce qui tend à remettre en cause la légitimité des décisions rendues par cette juridiction. Toutefois, ces accusations ne semblent que peu impacter l'incrimination du négationnisme et ont été balayées dès les premiers instants par le TGI de Paris[72], qui est d'ailleurs venu préciser qu'affirmer que « *les juges de Nuremberg ont reconnu l'existence de la politique d'extermination des juifs et des chambres à gaz homicides sans le prouver conduit nécessairement le lecteur à penser que ces faits ne sont pas réels et une telle contestation est constitutive du délit de l'article 24* bis *de la loi de 1881* »[73]. Ainsi, même si des critiques peuvent être formulées à l'encontre du Tribunal, cela n'entraine en rien une remise en cause de l'incrimination du négationnisme qui ne fait référence à cette juridiction que pour déterminer avec certitude les auteurs des crimes niés, et rien d'autre. D'autant que « *ce qui est incontestable dans Nuremberg ce ne sont moins les*

---

[72] TGI Paris, 17ème ch., 18 avr. 1991, *préc* : si « *des critiques peuvent, à juste titre, être développées concernant l'organisation, la structure et le fonctionnement du Tribunal Militaire International de Nuremberg, tant sur le plan juridique, qu'historique ou philosophique (...) en revanche, l'article 24* bis *de la loi du 29 juillet 1881 rend délictueuse toute contestation, même inscrite dans un discours logique et cohérant, dès lors qu'elle conduit à contester en les niant en des termes de mépris envers les victimes l'existence d'un crime contre l'humanité ayant entraîné des condamnations de ce chef par le Tribunal militaire international* ».

[73] TGI Paris, 22 oct. 1996 ; *Légipresse* 1997, n° 139, III, p. 26.

condamnations individuelles que la qualification de crimes contre l'humanité qui les sous-tendent »[74]. L'on peut enfin rajouter que « *le négationnisme n'est pas interdit parce qu'il est faux, mais en raison du message qu'il communique et des conséquences qu'il produit* »[75].

24. Ainsi, si l'article 24 *bis* fait référence au Tribunal de Nuremberg, ce n'est que pour identifier précisément les auteurs des crimes niés[76], mais pas les crimes eux-mêmes[77], et encore moins pour protéger les décisions du Tribunal, idée fausse et pourtant présente en doctrine et même réaffirmée récemment[78]. Rajoutons enfin que l'infraction de négationnisme ainsi rédigée permet de réprimer les propos niant non pas seulement le génocide juif, mais tous les crimes contre l'humanité commis durant la Seconde Guerre mondiale[79]. Il est vrai toutefois que l'infraction est le plus souvent mobilisée afin de lutter contre les propos niant l'Holocauste[80], mais sans pour autant s'y limiter. Cette référence au statut du Tribunal est donc étrange et sûrement maladroite pour atteindre le génocide des juifs quand on sait qu'en raison de la compétence dudit Tribunal ses procès n'ont guère porté sur cette question mais plus sur

---

[74] BEIGNIER (B.), « Le bon grain et l'ivraie : le négationnisme, contrefaçon de l'histoire », *JCP G*, n° 46, 2017, p. 1192.

[75] HOCHMANN (Th.), « Négationnisme : le Conseil constitutionnel entre ange et démon », *RDLF*, 2016, chron. n° 03.

[76] Pour une jurisprudence récente venant étendre la liste des auteurs visés par le texte, v. Cass. crim., 24 mars 2020, n° 19-80.783 (H. de Lesquen), évoquée plus loin (v. *infra* n° 54).

[77] *Ibid.*

[78] V. *infra* n° 52 s.

[79] DE LAMY (B.), Fasc. 3160, *Révisionnisme*, *op. cit.*, n° 27.

[80] DROIN (N.), « L'article 24 *bis* sanctionnant le délit de négationnisme : toujours discuté, toujours discutable ? », *in* HOCHMANN (Th.) et KASPARIAN (P.) (dir.), *L'extension du délit de négationnisme*, LGDJ, Institut Universitaire Varenne, coll. « Transition & Justice », 2019, p. 66.

celle des crimes de guerre[81]. Mais au-delà des éléments matériels de l'infraction nécessaires à sa caractérisation, se pose la question, plus complexe, de l'élément intentionnel dans le négationnisme.

§2. La difficile question de la mauvaise foi comme élément constitutif

25. Si les interrogations que soulèvent la formulation de l'article 24 *bis* concernant ses éléments matériels ont pu assez vite et de manière juste trouver des réponses au fil du temps dans la jurisprudence, tel n'est pas vraiment le cas de l'élément intentionnel de l'infraction. En effet, de prime abord, on constate que le texte d'incrimination ne dit rien sur l'intention nécessaire pour caractériser le délit. Toutefois, il semblerait que la jurisprudence ait assez vite identifié, au-delà d'une simple intention déductible du texte, une mauvaise foi dans le délit, mais qui est systématiquement présumée à la lecture des différents arrêts, ce qui n'est pas sans poser problème (**A**). Cependant, à force de se questionner en doctrine sur cet élément au caractère inadéquat et au regard de l'évolution du délit, la jurisprudence a peut-être bien acté récemment sa disparition (**B**).

A. Au-delà d'une simple intention, une mauvaise foi exigée

26. Comme chacun peut le remarquer, le texte de l'article 24 *bis* est muet sur la question de l'intention. L'on peut déjà affirmer sans trop de difficulté que le délit, comme tous les délits de presse faisant référence à l'article 23,

---

[81] *Ibid*, p. 68.

nécessite l'intention de rendre public ses propos. Ainsi par exemple, la chambre criminelle de la Cour de cassation[82] a pu confirmer la condamnation d'un individu ayant publié des propos négationnistes sur un site Internet alors qu'il pensait être sur un forum de discussion, argument inopérant selon la Cour car « *en agissant de la sorte, il ne pouvait ignorer que ses messages seraient diffusés* »[83].

27. Mais au-delà de cette intention de publicité, quid de la volonté de tenir de tels propos ? En vérité, le délit ne peut être qu'intentionnel, d'autant que le terme « contesté » implique nécessairement l'existence d'une volonté[84] puisqu'il semble difficile d'admettre qu'une personne niant un crime commis durant la Seconde Guerre mondiale n'ait pas conscience de le faire, sauf à être en présence d'un trouble mental. Autrement dit, l'intention réside dans la conscience de l'auteur de nier un crime contre l'humanité en tenant ses propos.

28. Mais au regard du négationnisme simple, la question a pu se poser de savoir si le négationniste devait ou non avoir conscience de la fausseté de ses propos. Il est vrai qu'exiger dans le texte d'incrimination la contestation d'un crime qui a été « *commis* » par certaines personnes peut laisser planer un doute sur la conscience de nier des faits que l'on sait vrais. Mais en vérité, l'argument peut être balayé en établissant un parallèle avec les infractions à caractère raciale. En effet, les juridictions ne se posent pas

---

[82] Cass. crim., 5 nov. 2002, n° 01-88.461.

[83] Cet arrêt est également intéressant puisqu'il étend l'infraction de négationnisme aux propos tenus sur Internet, ce qui n'était pas prévu par le texte de l'article 23 avant sa modification par la loi n° 2004-575 du 21 juin 2004 *pour la confiance dans l'économie numérique*, JORF n° 0143 du 22 juin 2004.

[84] DE LAMY (B.), *La liberté d'opinion et le droit pénal*, *op. cit.*, p. 369, n° 569.

la question de savoir si, face à ces infractions, l'on peut objectivement identifier la race de l'individu visé, mais elles se posent la question de la signification des propos dans leur contexte[85]. Il en va de même avec l'infraction de négationnisme, car « *la question n'est pas de savoir si le crime a* effectivement *été commis, mais si un récepteur moyen considérerait qu'il a été commis* »[86]. Ainsi, le texte d'incrimination tel qu'il est formulé n'exige en rien cette conscience, d'autant qu'il ne s'agit pas de protéger une « *vérité officielle* », mais d'incriminer « *un acte de parole* »[87]. Par conséquent, « *la « conscience de commettre l'élément matériel de l'infraction n'implique pas la conscience de la fausseté de l'expression* »[88].

29. Au regard cette fois-ci du négationnisme qualifié, la question a été celle de savoir si l'intention de l'auteur devait ou non être similaire à l'expression utilisée[89]. En effet, si l'auteur tient des propos qui incitent directement à la haine envers un groupe de personnes, doit-on exiger une intention spécifique devant correspondre au comportement visé par l'incrimination pour caractériser l'infraction ? Cette question n'est toutefois pas véritablement pertinente en

---

[85] Pour un exemple concernant le délit de provocation prévu à l'article 24 de la loi de 1881, v. Cass. crim., 16 juill. 1992, n° 91-86.156 : « *Le délit de provocation prévu et réprimé par l'article 24, alinéa 6, de la loi du 29 juillet 1881, exclusif de toute bonne foi, est caractérisé lorsque, comme en l'espèce, les juges constatent que, tant par son sens que par sa portée, le texte incriminé tend à inciter le public à la discrimination, à la haine ou à la violence envers une personne ou un groupe de personnes déterminées* ».

[86] HOCHMANN (Th.), *Le négationnisme face aux limites de la liberté d'expression : Étude de droit comparé*, Paris, Pedone, 2013, p. 635, n° 1283.

[87] THOMAS (Y.), « La vérité, le juge et l'historien », *Le débat*, n° 102, 1998, p. 24.

[88] HOCHMANN (Th.), *op. cit.*, p. 633, n° 1278.

[89] HOCHMANN (Th.), *op. cit.*, pp. 618 s.

France puisque l'article 24 *bis* ne vient pas exiger une telle intention de nuire pour que l'infraction puisse être caractérisée.

30. En vérité, la question de l'intention en France a pu emprunter d'autres chemins. Si la jurisprudence exige classiquement que l'auteur des propos les ait tenus de manière intentionnelle, elle semble également identifier une condition de mauvaise foi, qu'elle présume toutefois au regard de la nature même des propos. La chambre criminelle de la Cour de cassation est ainsi venue affirmer que « *la minoration outrancière de ce nombre caractérise le délit de contestation de crimes contre l'humanité prévu et puni par ledit article, lorsqu'elle est faite de mauvaise foi* »[90]. Certains auteurs ont alors pu affirmer que l'incrimination du négationnisme « *repose désormais sur la mauvaise foi* »[91], en ce que « *[s]eules les assertions de mauvaise foi et donc non fondées sont sanctionnables* »[92]. Mais pour Jean-Philippe Feldman, qui se pose la question[93] de savoir si la Cour de cassation exige réellement une mauvaise foi en plus d'une « minoration outrancière », ce « *rappel immédiat de l'indispensable élément intentionnel du délit vise à canaliser toute interprétation par trop extensive du texte* », mais ce « *au risque de la redondance* »[94]. Toutefois, pour Thomas Hochmann, « *l'exigence de « mauvaise foi » n'a aucune fonction*

---

[90] Cass. crim., 17 juin 1997, *préc.*

[91] BEIGNIER (B.), « « De la langue perfide, délivre moi… », Réflexions sur la loi du 13 juillet 1990 dite « loi Gayssot » », *in Pouvoir et Liberté, Études offertes à Jacques Mourgeon*, Bruylant, 1998, p. 525.

[92] MORANGE (J.), *La liberté d'expression*, Bruylant, Bruxelles, 2009, p. 154.

[93] Sans pour autant y répondre par la positive, ce que de nombreux auteurs ont pu lui attribuer à tort.

[94] FELDMAN (J.-P.), « Les éléments constitutifs du délit de contestation de crime contre l'humanité », *préc.*

restrictive, elle est une pure formule de style »[95]. En tout cas, ce qui semble certain, c'est que cette mauvaise foi, qu'elle soit effectivement exigée ou alors une simple formule de style, est présumée par la jurisprudence, rendant ainsi automatique la consommation de l'élément intentionnel[96], mais se pose alors la question du mécanisme de cette présomption.

31. Ainsi, certains auteurs ont pu avancer l'idée que cette mauvaise foi pourrait être présumée selon les mêmes mécanismes que les infractions de diffamation ou de provocation à la discrimination[97], offrant à l'auteur des propos la chance de rapporter la preuve, certes difficile, de sa bonne foi[98]. Cependant, Bertrand de Lamy ne partage pas cette position[99] car selon lui cette mauvaise foi, si elle est nécessaire, doit « *être envisagée à partir de l'élément matériel* »[100] car c'est en fonction de la nature des propos que l'on pourra déterminer si l'auteur est ou non de mauvaise foi. Force est de constater que la jurisprudence est de cet avis, tant elle tient pour acquis cette mauvaise foi à partir du moment où les propos tenus renferment une négation ou une minoration outrancière de crimes commis durant la Seconde Guerre mondiale, ce qui a pour résultat

---

[95] HOCHMANN (Th.), *op. cit.*, p. 646, n° 1310.
[96] HOCHMANN (Th.), *op. cit.*, pp. 596 s.
[97] Respectivement arts. 33 et 24 al. 7 de la loi du 29 juillet 1881 sur la liberté de la presse ; v. not. BIGOT (C.), J-Cl. Communication, *Synthèse - La loi du 29 juillet 1881 sur la liberté de la presse. Règles de fond*, n° 63.
[98] VÉRON (M.), *op. cit.*
[99] DE LAMY (B.), *La liberté d'opinion et le droit pénal*, *op. cit.*, p. 369, n° 569.
[100] DE LAMY (B.), Fasc. 3160, *Révisionnisme*, *op. cit.*, n° 30.

de rendre les éléments matériel et intentionnel « *insécables* »[101].

32. En dressant un parallèle avec le délit d'injure[102], on constate que si « *la présomption d'imputabilité de l'élément moral de l'infraction à l'auteur des propos incriminés, inhérente à la disposition en cause, est dépourvue de tout caractère irréfragable* »[103], seule l'excuse de provocation est admise comme fait justificatif en jurisprudence[104], sauf en cas d'injure raciale[105], et en dehors des cas de troubles psychiques ou neuropsychiques. Il s'agit ainsi d'une « *présomption quasi-irréfragable* »[106] qui peut être renversée, même si cela sera difficile. Mais concernant le négationnisme, il semble impossible de combattre cette présomption de mauvaise foi, ce qui en fait selon nous une présomption irréfragable créant un effet cliquet : en envisageant la mauvaise foi au regard de l'élément matériel, la caractérisation de cet élément entrainera celle de la mauvaise foi, sans que l'auteur puisse arguer d'aucun fait justificatif, notamment de sa bonne foi, impensable en raison de la nature des propos.

33. Au surplus, si une telle présomption existe bien, elle ne semble être attachée qu'aux propos négationnistes eux-mêmes[107]. Cela signifie donc, et c'est en parfait accord avec

---

101 FELDMAN (J.-P.), « Le délit de contestation de crimes contre l'humanité et la 17ème chambre du tribunal de grande instance de Paris », *D.*, 1999, chron. p. 8.

102 Art. 33 de la loi du 29 juillet 1881 sur la liberté de la presse.

103 Cass. crim., 20 janv. 2015, n° 14-87.279.

104 Cass. crim., 10 mai 2006, n° 05-82.971.

105 Depuis la Loi n° 2017-86 du 27 janvier 2017 *relative à l'égalité et à la citoyenneté*, JORF n° 0024 du 28 janvier 2017.

106 THIERRY (J.-B.), J-Cl. Communication, Fasc. 120, *Injure – Éléments constitutifs*, n° 31.

107 DROIN (N.), « L'article 24 *bis* sanctionnant le délit de négationnisme : toujours discuté, toujours discutable ? », *préc.*, p. 64.

la jurisprudence de la Cour européenne des droits de l'Homme[108], qu'un individu qui ne ferait que rapporter des propos négationnistes tenus par autrui, sans en partager les thèses, et dans le seul but d'informer le public de l'existence de telles idées[109] ne pourrait être condamné sur le fondement de l'article 24 *bis* par manque d'élément intentionnel.
Cependant, si la jurisprudence semble exiger depuis le début et en dehors de tout fondement textuel la mauvaise foi de l'auteur pour caractériser l'infraction, bien que cette identification dépende de la nature des propos tenus, elle semble aujourd'hui revenir sur ses pas.

B. La mauvaise foi : élément problématique voué à disparaitre

34. Il est vrai que le critère de mauvaise foi peut être quelque peu problématique tant il peut sembler difficile d'exiger une telle intention sans violer le principe de légalité criminelle lorsque le texte est silencieux à ce sujet. S'il est déjà fort contestable que la jurisprudence identifie dans le délit un élément qui n'est nullement prévu dans le texte, faire de cet élément une présomption, qui plus est irréfragable, constitue une violation de bon nombre de principes en droit pénal. D'un point-de-vue moins juridique, exiger cette mauvaise foi, quand bien même elle serait à chaque fois identifiée au regard de la nature des propos tenus, peut laisser croire à certains individus que l'on peut tenir de tels propos de bonne foi. L'infraction va alors à l'encontre de la position majoritaire en doctrine sur

---

108 CEDH, 23 sept. 1994, *Jersild c. Danemark*, req. n° 15890/89.
109 V. DE LAMY (B.), *La liberté d'opinion et le droit pénal*, *op. cit.*, p. 369, n° 569 ; v. également DROIN (N.), *préc.*, p. 64.

ce point[110], contrevient à l'objectif premier du texte et manque sa visée à la fois pédagogique et dissuasive.

35. Il est sans doute possible de soutenir que l'exigence de « mauvaise foi » a été guidée par l'envie d'assimiler une « minoration outrancière » à une « contestation », ce qui en réalité est très certainement vrai[111]. Mais ce critère a surtout pour origine la difficile applicabilité des infractions dites de la loi Pleven[112] et notamment celles de provocation à la haine raciale[113] ou de diffamation raciale[114], cause de l'adoption de la loi Gayssot[115]. En effet, le délit de négationnisme tel qu'il est rédigé permet de passer outre la nécessaire preuve que l'auteur des propos voulait inciter à la haine en les tenant[116], ou encore de devoir identifier une intention de nuire nécessaire à caractériser l'infraction d'injure raciale[117] et de diffamation raciale[118], cette dernière étant d'ailleurs le principal chef d'accusation et de

---

[110] DE LAMY (B.), *op. cit.*, p. 193, n° 335 : « *Il ne peut y avoir un bon raciste* ».

[111] HOCHMANN (Th.), *op. cit.*, p. 646, n° 1311 ; en effet, minorer outrageusement un crime contre l'humanité, donc un crime d'une ampleur exceptionnelle, revient à lui ôter tout sa spécificité, et donc à le nier *in fine*.

[112] Loi n° 72-546 du 1er juillet 1972 *relative à la lutte contre le racisme*, JORF n° 0154 du 2 juillet 1972.

[113] Art. 24 al. 8 de la loi du 29 juillet 1881 sur la liberté de la presse.

[114] Art. 32 al. 2 de la loi du 29 juillet 1881 sur la liberté de la presse.

[115] Rapport fait au nom de la commission des lois, *Sénat*, n° 337, *préc.*, pp. 55-56.

[116] DROIN (N.), *Les limitations à la liberté d'expression dans la loi sur la presse du 29 juillet 1881. Disparition, permanence et résurgence du délit d'opinion*, Institut Universitaire Varenne, LGDJ, coll. « Collection des Thèses », n° 35, 2010, p. 216, n° 245.

[117] Art. 33 al. 3 de la loi du 29 juillet 1881 sur la liberté de la presse.

[118] Concernant l'infraction de diffamation raciale, l'autre difficulté résidait également dans la nécessaire imputation d'un fait précis, ce qui n'est pas toujours le cas dans les propos négationnistes.

condamnation avant 1990[119]. Ainsi, « *à la différence de l'intention de nuire, la mauvaise foi n'a pas « une valeur intentionnelle caractérisée » : si l'agent sait qu'il nuit à autrui, il ne se propose pas pour but de lui nuire* »[120]. Notons d'ailleurs que la Cour de cassation a pu admettre une double condamnation pour négationnisme et diffamation à caractère racial[121], ou encore une double condamnation pour négationnisme et injures publiques antisémites[122] dès lors que sont établies des intentions coupables distinctes, ce que la Cour identifie en l'espèce et qui peut se concevoir sans trop de difficulté. En effet, bien que la loi Gayssot tende à réprimer tout acte raciste, antisémite ou xénophobe, il n'est nullement exigé que l'auteur des propos ait eu de tels buts.

36. Ainsi, si le délit de négationnisme se différencie bien de la diffamation et de l'injure à caractère racial puisqu'il n'est pas besoin d'identifier une intention de nuire, une telle distinction semble quelque peu difficile pour certains avec l'infraction de provocation à la haine raciale, et ce en raison des évolutions récentes de la jurisprudence française et européenne[123]. Étant donné que l'incrimination du négationnisme est[124], ou était[125], justifiée par l'incitation à la haine que les propos renferment en eux-mêmes, la mauvaise foi de l'auteur est donc une question inopérante, puisqu'aucune intention d'inciter à la haine ou à la violence

---

[119] DROIN (N.), *op. cit.*
[120] *Ibid.*, p. 236.
[121] Cass. crim., 12 sept. 2000, n° 98-88.201.
[122] Cass. crim., 26 mars 2019, n° 18-81.770 (A. Soral).
[123] Cons. const., 8 janv. 2016, n° 2015-512 QPC ; Cons. const., 26 janv. 2017, n° 2016-745 DC ; CEDH, 24 juin 2003, *Garaudy c. France*, req. n° 65831/01 ; CEDH, 15 oct. 2015, *Perinçek c. Suisse*, gr. ch., req. n° 27510/08.
[124] V. *infra* n° 63 s.
[125] V. *infra* n° 181 s.

n'est exigée, l'incitation seule suffit à justifier et caractériser l'infraction. Mais puisque la Cour européenne des droits de l'Homme et le Conseil constitutionnel semblent dégager une présomption d'incitation à la haine dans les propos négationnistes lorsqu'ils portent sur les crimes commis durant la Seconde Guerre mondiale, l'on peut se demander si une telle présomption pourrait apparaitre concernant le délit de provocation à la haine raciale lorsque les propos porteraient sur ces crimes. Cependant, cela ferait courir le risque inévitable d'une rupture d'égalité entre les propos tombant sous le coup de l'article 24 et portant sur ces crimes, et tous les autres propos. De plus, si le négationnisme était tout de même incriminé au regard d'une intention d'inciter à la haine ou à la violence, ce que peut laisser croire cette référence constante à la mauvaise foi de l'auteur, alors un concours idéal de qualification[126] pourrait survenir[127] avec l'infraction prévue à l'article 24 alinéa 8 de la loi de 1881 qui elle exige la caractérisation de cette intention. Mais si les présomptions tenant à l'incitation que les propos renferment en eux-mêmes et tenant à la mauvaise foi de l'auteur étaient étendues à l'infraction de provocation à la haine raciale, alors l'intention nécessaire à la caractérisation de cette infraction pourrait se déduire automatiquement de la nature même des propos, ce qui n'est pas souhaitable. La jurisprudence devrait donc abandonner ce critère de mauvaise foi afin de dissiper le doute quant à la superposition des articles 24 et 24 *bis*, tant il parait inconcevable que ces présomptions soient étendues à l'infraction de provocation à la haine raciale. Mais c'est

---

[126] Sans se demander si l'adage « *specialia generalibus derogant* » est applicable, notons simplement que les peines des deux infractions sont identiques : un an d'emprisonnement et 45000 euros d'amende.

[127] Pour le refus d'une superposition complète des deux infractions, v. *infra* n° 107.

surtout pour une meilleure cohérence du délit de négationnisme et un plus grand respect du principe de légalité criminelle que ce critère devrait disparaitre.

37. Sans que cela soit dit clairement, l'on pourrait voir dans l'arrêt de la Cour de cassation du 24 mars 2020 sur la rafle du Vel d'Hiv[128] l'abandon de ce critère, hypothèse soutenue par Thomas Hochmann dans son commentaire[129], puisque la chambre criminelle n'évoque à aucun moment cette question[130]. Si cette lecture de l'arrêt est possible, cette disparition pourrait aussi s'expliquer par les justifications récentes apportées par le Conseil constitutionnel sur ce délit[131]. En effet, si les propos renferment systématiquement une incitation à la haine raciale, et que toutes les formes de minimisation ou banalisation sont assimilées à une négation, alors il n'est plus besoin d'exiger une mauvaise foi, celle-ci n'étant qu'un critère superflu. Enfin, rien ne dit que la Cour de cassation n'a formellement abandonné ce critère, et pourra si besoin le remobiliser, ce qui selon nous serait souhaitable mais dans un cas précis et en y apportant quelques modifications, nous y reviendrons plus loin[132].

38. Ainsi, et pour conclure cette première section, il semble évident que la jurisprudence n'a pas hésité à réaliser une interprétation extensive du délit de négationnisme tel

---

[128] Cass. crim., 24 mars 2020, *préc.*

[129] HOCHMANN (Th.), « Le Vel d'Hiv, Nuremberg et le génocide des Arméniens », *Légipresse*, 2020, p. 362 ; abandon qu'il appelait déjà dans sa thèse, v. HOCHMANN (Th.), *Le négationnisme face aux limites de la liberté d'expression : Étude de droit comparé*, *op. cit.*, pp. 643 s.

[130] Position déjà amorcée dans l'arrêt Cass. crim., 27 mars 2018, n° 17-82.637.

[131] Cons. const., 8 janv. 2016 et 26 janv. 2017, *préc.*

[132] V. *infra* n° 213 s.

que prévu originellement en 1990 sans pour autant, à une exception près, contrevenir au texte de la loi. Concernant les éléments matériels du délit, une telle interprétation est bienvenue, afin de pouvoir s'assurer que tous les propos qui échappaient à la répression avant l'entrée en vigueur de la loi Gayssot soient désormais réprimés sous le joug de l'article 24 *bis*. Mais il n'est pas dit qu'elle ait été pertinente concernant l'élément intentionnel, tant exiger une mauvaise foi peut sembler superflu au regard du mécanisme décrit plus haut concernant son identification. Quoi qu'il en soit, la jurisprudence n'a eu de cesse de rappeler et de recentrer les discussions autour du délit de négationnisme originel tant les débats ont pu prendre des chemins sinueux et parfois loin de la réalité afin de soutenir son abrogation.

Section 2. Le négationnisme dit de l'Holocauste : entre faux critère et débats sempiternels

39. Comme toute infraction de presse, le délit de négationnisme n'échappe pas à l'épineuse question du juste milieu entre protection des individus et de l'ordre public et protection de la liberté d'expression. En effet, cette dernière est en France une liberté fondamentale que l'infraction de négationnisme atteint nécessairement puisqu'elle « *incrimine un acte de parole* »[133]. Si les justifications à cette atteinte seront évoquées plus loin, il faut d'ores et déjà mentionner les nombreuses critiques qui ont pu être faites à l'encontre de l'infraction et dont certaines, pour ne pas dire la quasi-totalité d'entre elles, n'ont que peu de poids face à l'objectif réel et à la construction de l'infraction (**§1**). Ensuite, et afin de finir de recentrer le débat autour du délit de négationnisme, il faudra nécessairement revenir sur les éléments constitutifs de l'infraction, car certains auteurs ont

---

[133] THOMAS (Y.), *préc.*

cru voir dans le texte d'incrimination une condition qui en réalité n'existe pas (**§2**).

§1. Un délit critiqué de toute part depuis sa création

40. Le négationnisme est un délit qui engendre de nombreuses critiques, et ce depuis son origine. Beaucoup d'arguments ont pu être avancés à son encontre afin dans un premier temps d'empêcher son adoption et par la suite d'entrainer son abrogation. Certains de ces arguments sont éminemment fallacieux et ne tendent en réalité qu'à permettre à certains individus de tenir des propos qui cachent un antisémitisme à peine voilé par une façade qui se voudrait « scientifique ». Mais abstraction faite de ces critiques, d'autres en revanche méritent notre attention afin de bien cerner la portée et surtout le fonctionnement de l'infraction, et ce pour apurer le débat autour du négationnisme. Si certaines de ces critiques concernent principalement le législateur qui outrepasserait sa compétence en écrivant une Histoire officielle (**A**), d'autres s'attachent en revanche au juge qui saperait le rôle des historiens en instaurant cette fois-ci une vérité officielle (**B**).

A. Compétence du législateur, loi mémorielle et histoire officielle

41. Si l'on évoque plus en détail les reproches adressés au législateur concernant le délit de négationnisme, il est intéressant de noter qu'à l'occasion d'une proposition de loi visant à réprimer la négation du génocide arménien[134], une soixantaine de professeurs de droit[135] ont pu avancer l'idée, partagée par d'autres détracteurs de l'infraction, que le délit de négationnisme tel que prévu par la loi Gayssot[136] ne serait rien d'autre que la protection d'une communauté bien particulière : celle des juifs.

En réalité, cet argument est faux et il n'est pas bien compliqué de le démontrer au regard des précisions que l'on a pu apporter précédemment concernant le champ d'application du délit. En effet, nous avons pu noter que l'infraction de 1990 avait pour champ d'application tous les crimes contre l'humanité commis durant la Seconde Guerre mondiale et par des auteurs précisément identifiés, et donc non pas uniquement le génocide des juifs. Il est ainsi erroné d'affirmer que la loi Gayssot viendrait protéger uniquement la communauté juive et cet appel, « *de façon consciente ou non,* [participe] *à susciter jalousie et rejet à l'égard de cette communauté qui serait surprotégée tandis que d'autres se verraient exposés à la négation des crimes commis contre elles* »[137].

Cette critique résulte vraisemblablement du fait que les auteurs de l'appel rangent la loi Gayssot parmi la catégorie des lois mémorielles. S'il est vrai que « *ces lois ont pour seul objet de commémorer un événement ou de reconnaître l'existence d'un fait passé sans créer de norme*

---

[134] Proposition de loi de M. MIGAUD (D.) et autres complétant la loi n° 2001-70 du 29 janvier 2001 relative à la reconnaissance du génocide arménien de 1915, n° 3030, déposée le 12 avril 2006 à l'Assemblée Nationale.

[135] MATHIEU (B.) et al., « Une soixantaine de professeurs de droit pour l'abrogation des lois mémorielles », *JCP G*, n° 48, 2006, p. 2201.

[136] Ainsi que toutes les lois mémorielles selon les auteurs de l'appel.

[137] DROIN (N.), « L'article 24 bis sanctionnant le délit de négationnisme : toujours discuté, toujours discutable ? », *préc.*, p. 66.

juridique »[138], tel n'est pas le cas de la loi Gayssot en ce qu'elle vient tout d'abord prévoir une sanction pénale ce qui en fait bien une règle à caractère obligatoire, général et impersonnel.

42. Mais cette confusion rejoint une deuxième critique, et sûrement la plus importante, qui a pu être soulevée à l'encontre du délit de négationnisme. Aussi, en réalisant un tel rapprochement, les auteurs de l'appel font valoir que le délit conduit « *le législateur à outrepasser la compétence que lui reconnaît la Constitution en écrivant l'Histoire* »[139]. Force est de constater que si cet argument est toujours avancé aujourd'hui concernant les lois mémorielles et écarté par les juridictions[140], il n'a que très peu de poids à l'encontre de la loi Gayssot. Si cette dernière n'est pas une loi mémorielle, il est surtout important de comprendre que le législateur n'outrepasse pas ses compétences et qu'il n'écrit pas l'Histoire.
À la lecture de l'article 34 de la Constitution française[141], il est évident que l'Histoire ne fait pas partie des compétences attribuées au législateur. Cependant, il est également vrai que l'on ne voit nulle trace par exemple du terrorisme au

---

[138] DROIN (N.), *Les limitations à la liberté d'expression dans la loi sur la presse du 29 juillet 1881. Disparition, permanence et résurgence du délit d'opinion*, *op. cit.*, p. 249, n° 288.
[139] MATHIEU (B.) et al., *préc.*
[140] Voir par exemple la QPC soulevée par Maxime Gauin (connu pour ses thèses niant le génocide des Arméniens) en reprenant, entre autres, cet argument à l'encontre de la loi du 29 janvier 2001 relative à la reconnaissance du génocide arménien de 1915, QPC rejetée par la 17ème chambre correctionnelle du TJ de Paris le 25 mars 2021 selon le journal Nouvelle d'Arménie. Internet, consulté le 06/04/2021 :
https://www.armenews.com/spip.php?page=article&id_article=67955
[141] Constitution du 4 octobre 1958, *JORF* n° 0234 du 5 octobre 1958, p. 9151.

sein de ces compétences[142], et pourtant personne ne viendrait remettre en cause les lois terroristes adoptées depuis maintenant de nombreuses années par le législateur sur ce fondement-là. En réalité, « *la Constitution attribue de très larges champs d'intervention au législateur, lesquels recouvrent une multitude de matières qui n'apparaissent pas explicitement* »[143], et c'est le cas concernant le négationnisme. L'article 11 de la Déclaration des droits de l'Homme et du Citoyen prévoit expressément qu'il revient au législateur de fixer les règles venant encadrer la liberté d'expression lorsque son exercice est préjudiciable. L'article 34 de la Constitution confie aussi au législateur le soin de fixer les règles concernant les libertés publiques ainsi que de déterminer les crimes et les délits. C'est donc par une combinaison d'articles provenant directement du bloc de constitutionnalité que l'argument tombe en éclat.

43. Notons à ce propos qu'a pu être soulevée l'inopportunité de la voie pénale pour interdire le négationnisme. En effet, certains auteurs ont pu imputer à l'infraction un défaut d'efficacité, notamment en raison d'une absence de pédagogie. Cependant, cette éventuelle absence n'empêche en rien de vouloir sanctionner l'auteur des propos afin de ne pas le laisser impuni, sans que soit d'ailleurs démontrée l'absence totale d'effet dissuasif de l'infraction pénale. De plus, cela n'entrave en rien la possibilité de coupler cette interdiction avec d'autres

---

[142] Observation faite dans HOCHMANN (Th.), « Le Conseil constitutionnel et l'art de la suggestion. À propos du critère de la condamnation juridictionnelle du crime nié », *in* HOCHMANN (Th.) et KASPARIAN (P.) (dir.), *op. cit.*, p. 39.

[143] *Ibid.*

instruments basés sur l'éducation et la pédagogie[144], « *qui sont les deux principales armes que le législateur devrait utiliser contre les opinions qu'il veut combattre* »[145]. De plus, si la condamnation des négationnistes est effectivement « *nécessaire dans un but pédagogique, afin que le grand public sache le caractère répréhensible de tels propos* »[146], ce but est alors soutenu par les peines d'affichage ou de diffusion de la décision de condamnation prévues par le dernier alinéa de l'article 24 *bis*. À propos de cela, certains auteurs ont pu craindre qu'en incriminant le négationnisme, l'on offrirait une tribune trop importante aux négationnistes. En vérité, puisque ces derniers « *se nourrissent tant du silence que de la contestation* »[147], l'on peut soutenir que la publicité du procès peut être « *bénéfique et qu'il est utile que la falsification opérée par les révisionnistes soit mise en évidence, entre autres, par une condamnation* »[148].

44. En tout cas, si l'argument tenant à l'incompétence présupposée du législateur ne tient plus, l'on comprend toutefois que dans l'esprit des auteurs avançant cet argument, le législateur viendrait écrire l'Histoire. Ainsi, si l'article 34 de la Constitution ne dit rien sur cette question, et que l'on pourrait donc tenir pour vrai qu' « *il*

---

[144] AUVRET (P.), « La répression de l'apologie dans le cadre de l'article 24 de la loi sur la presse », *in* DROIN (N.) et JEAN-BAPTISTE (W.) (dir.), *La réécriture de la loi sur la presse du 29 juillet 1881 : une nécessité ?*, LGDJ, 2017, p. 103 : « *Les idées néfastes doivent être traquées sur le terrain de la pensée, par l'évolution des états d'esprits* ».

[145] DE LAMY (B.), *Liberté d'expression et droit pénal*, *op. cit.*, p. 379.

[146] *Ibid.*, p. 371.

[147] WACHSMANN (P.), « Liberté d'expression et négationnisme », *RTDH*, 2001, n° 46, p. 585.

[148] Rapport fait au nom de la commission des lois, *Sénat*, n° 337, *préc.*, pp. 59-60.

n'appartient pas au législateur de faire l'histoire »[149], en réalité la question est dénuée de tout intérêt concernant le négationnisme puisque le « *législateur n'écrit pas l'Histoire* »[150], la loi Gayssot « *ne rétablit pas une vérité, mais incrimine un acte de parole* »[151]. En effet, venir interdire de nier un événement ne dit rien sur la vérité de celui-ci[152], et même si « *on est certes enclin à considérer que l'interdiction d'une affirmation implique que le contraire soit vrai* », il s'agit d'une « *supposition qui ne relève pas du droit* »[153]. Ainsi, la loi Gayssot ne vient pas créer une vérité officielle concernant ce qui s'est passé durant la Seconde Guerre mondiale, mais vient simplement interdire de nier des crimes, et ce indépendamment de leur réalité.

Rien n'interdit donc au législateur d'incriminer le négationnisme en restreignant la liberté d'expression, bien au contraire, d'autant qu'en le faisant il ne vient pas écrire l'Histoire. Ainsi, il n'existe pas de mélange des rôles entre législateur et historiens, et l'on aboutit au constat analogue

---

[149] DE LAMY (B.), *Liberté d'opinion et droit pénal*, *op. cit.*, p. 379.

[150] DROIN (N.), « L'article 24 bis sanctionnant le délit de négationnisme : toujours discuté, toujours discutable ? », *préc.*, p. 67.

[151] THOMAS (Y.), *préc.*

[152] HOCHMANN (Th.), *Le négationnisme face aux limites de la liberté d'expression : Étude de droit comparé*, *op. cit.*, pp. 188 s.

[153] HOCHMANN (Th.), « La question mémorielle de constitutionnalité (à propos de la décision du 28 février 2012 du Conseil constitutionnel) », *préc.*

concernant le législateur et les juges[154], bien que ces derniers aient pu faire l'objet des mêmes critiques.

B. La place du juge face à l'Histoire : incrimination d'un acte de parole public

45. La question du rôle du juge dans l'incrimination du négationnisme a également fait débat, et ce en des termes assez similaires à ce que l'on vient d'évoquer. Pour certains, le juge serait chargé de juger l'histoire, usurpant alors le rôle de l'historien. Il est cependant important de noter que « *la différence entre la vérité judiciaire et la vérité scientifique réside dans le caractère « fermé » de la première. Le jugement, une fois les voies de recours épuisées, acquière autorité de la chose jugée. Au contraire, un énoncé scientifique est fondamentalement « ouvert » ou « révisable » : la vérité scientifique doit pouvoir être vérifiée grâce à l'expérience empirique et éventuellement être réfutée*[155] »[156]. Mais puisqu'il ne s'agit pas à travers l'incrimination du négationnisme, comme nous avons pu le voir, d'établir une vérité officielle, le juge ne se trouve donc pas chargé de dire l'Histoire. Cette idée se retrouve d'ailleurs dans les propos du rapporteur de la commission

---

[154] Argument avancé dans MATHIEU (B.), LE POURHIET (A.-M.), MELIN-SOUCRALANIEN (F.), LEVADE (A.), PHILIPPE (X.) et ROUSSEAU (D.), « Observations relatives à la loi visant à réprimer la contestation des génocides reconnus par la loi », *Constitutions*, 2012, p. 393 ; pour un contre-argument convaincant ne laissant plus de place au doute, voir HOCHMANN (Th.), « Le Conseil constitutionnel et l'art de la suggestion. À propos du critère de la condamnation juridictionnelle du crime nié », *préc.*, pp. 40-41.

[155] VAN DE KERCHOVE (M.), « Vérité judiciaire et para-judiciaire en matière pénale : quelle vérité ? », *Droit et société*, 2013/2, n° 84, p. 411.

[156] HOCHMANN (Th.) et KASPARIAN (P.), « Peut-on incriminer d'autres négationnismes que celui de la Shoah ? », *in* HOCHMANN (Th.) et KASPARIAN (P.) (dir.), *op.cit.*, p. 11.

des lois du Sénat en ce qu' « *il n'est pas demandé aux magistrats de trancher dans un débat historique, au nom d'une quelconque vérité officielle, mais simplement de se prononcer sur le fait de savoir si des écrits ou des propos entrent dans le cadre de la définition légale du délit de révisionnisme* »[157]. Cette affirmation rejoint l'idée selon laquelle le juge n'est pas confronté à une question historique mais « *à une question juridique se posant relativement à l'histoire* »[158].

46. Face à ce constat, le juge s'est toujours refusé de juger l'histoire en estimant n'être pas là pour se suppléer aux historiens et trancher des controverses historiques[159]. Ce n'est toutefois pas pour autant qu'il a laissé une totale marge de manœuvre aux historiens, en ce que la Cour d'appel de Lyon a pu juger qu'il existait des limites à « *une prétendue recherche historique de la vérité* »[160] ne pouvant justifier « *une contestation intégrale et sans nuance de l'existence des chambres à gaz* »[161]. Ces limites fixées par le juge pourraient venir semble-t-il renforcer l'argument selon lequel l'incrimination du négationnisme est de nature à entraver la libre recherche scientifique des historiens. Cette question a notamment été avancée et débattue au

---

[157] Rapport fait au nom de la commission des lois, *Sénat*, n° 337, *préc.*, p. 59.

[158] LE MASSON (J.-M.), « La recherche de la vérité dans le procès civil », *Droit et société*, 1998, n° 38, p. 27 (cité par DROIN (N.), *Les limitations à la liberté d'expression dans la loi sur la presse du 29 juillet 1881. Disparition, permanence et résurgence du délit d'opinion*, *op. cit.*, p. 219, note 896)

[159] TGI Paris, 1ère ch., 14 février 1990, *Gaz. Pal.*, 1991, 2, Jur., p. 452 : « *Il n'appartient pas aux Tribunaux de juger la véridicité des travaux historiques ou de trancher les controverses suscitées par ceux-ci et qui relèvent de la seule appréciation des historiens et du public* ».

[160] VÉRON (M.), « Les limites d'une prétendue recherche historique de la vérité », *Dr. pén.*, 2006, n° 10, comm. 118.

[161] CA Lyon, 7ème ch. A, 17 mai 2006, Ministère public c. Georges T.

moment de l'adoption du texte, et comme Jacques Toubon a pu le faire remarquer, « *le problème de la liberté de la science et de la liberté de la recherche est posé à travers de telles dispositions, même si chacun est bien d'accord sur le fond* »[162]. Mais en vérité, « *le négationnisme n'est pas un discours historique* »[163], et ainsi la libre recherche scientifique n'est pas remise en cause puisque les individus tenant de tels propos se placent eux-mêmes en dehors de cette liberté et donc de sa protection constitutionnelle[164], car si par exemple les historiens peuvent critiquer le jugement de Nuremberg, ils ne peuvent le contester[165].

47. Il est donc tout à fait faux de considérer qu'en appliquant la loi Gayssot les juges « *s'érigent* de facto *en historiens en qualifiant juridiquement les faits* »[166], puisque ce n'est pas ce qui leur est demandé. Peut-être que plus justement les juges, tout comme les journalistes[167], se trouvent être des « *chiens de garde de la démocratie* » afin de venir lutter contre « *les loups qui veulent se faire passer pour des chiens et qui entendent détruire la liberté en en abusant* »[168]. Autrement dit, les juges sont là pour dire si oui ou non une infraction est caractérisée concernant ce que

---

[162] *JOAN* n° 18, 2ème séance du 2 mai 1990, p. 955.

[163] DROIN (N.), « L'article 24 bis sanctionnant le délit de négationnisme : toujours discuté, toujours discutable ? », *préc.*, p. 68.

[164] Pour un article sur les fondements de cette protection, voir : MOUTON (S.), « Les fondements constitutionnels de la liberté de recherche », *in* LARRIEU (J.) (dir.), *Qu'en est-il du droit de la recherche*, Presses de l'Université Toulouse 1 Capitole, LGDJ, 2008, pp. 93 s.

[165] BEIGNIER (B.), « Le bon grain et l'ivraie : le négationnisme, contrefaçon de l'histoire », *préc*.

[166] PECH (L.), *La liberté d'expression et sa limitation*, LGDJ, Fondation Varenne, 2003, p. 433.

[167] CEDH, 7 déc. 1976, *Handyside c. Royaume-Uni*, req. n° 5493/72.

[168] BEIGNIER (B.), *préc*.

le législateur aura estimé être un abus de la liberté d'expression.

48. Si nous ne souhaitons en rien remettre en cause cette affirmation, notons toutefois que le récent arrêt de la chambre criminelle de la Cour de cassation précédemment évoqué concernant la rafle du Vel d'Hiv[169] pourrait engendrer un renouveau de cet argument. En effet, la Cour de cassation, en venant élargir le champ de la répression par une interprétation extensive des auteurs des crimes niés visés par le texte[170], en vient à établir une forme de méthode afin d'identifier ces auteurs. Ainsi, les juridictions peuvent se servir de sources historiques afin de les identifier, mais ce faisant elles pourraient malencontreusement empiéter sur le travail de l'historien. S'il est vrai que les juridictions ne seront amenées à travailler sur de telles sources que pour identifier les auteurs des crimes niés, et non afin d'établir la véracité de ces derniers, notons tout de même que cela rejoint l'idée selon laquelle « *les lois mémorielles (...) donnent le sentiment qu'il existe une vérité officielle* »[171]. En effet, en utilisant des sources historiques afin d'établir si oui ou non un individu ayant été condamné par une juridiction ou ayant appartenu à une organisation criminelle a participé directement ou indirectement à l'événement-objet de la négation, la confusion entre la question de fait (l'existence même du crime nié) et la question de droit (la négation du crime) s'en trouve renforcée, ce qui peut

---

[169] Cass. crim., 24 mars 2020, *préc.*

[170] V. *infra* n° 54.

[171] MORANGE (J.), *La liberté d'expression*, *op. cit.* ; notons que Thomas Hochmann considère l'argument de la vérité officielle comme davantage pertinent lorsqu'il n'est pas présenté comme une considération juridique, v. HOCHMMAN (Th.), *Le négationnisme face aux limites de la liberté d'expression : Étude de droit comparé*, *op. cit.*, p. 187, note 275.

constituer « *une des brèches par lesquelles peut s'introduire un mélange des rôles* »[172].

49. N'oublions toutefois pas qu'il ne s'agit d'incriminer qu'un acte de parole. De plus, ces propos ne sont incriminés qu'en cas de publicité, puisqu'aucun autre équivalent n'existe si ces propos ont été tenus de manière privée. À ce propos, Nathalie Droin se questionne, car si selon de nombreux détracteurs de l'infraction « *le discours négationniste est interdit pour des raisons de moralité et de bonne conscience* », alors « *pourquoi l'expression non publique d'un tel discours n'est pas sanctionnée, comme c'est le cas pour l'injure et la diffamation raciale* » car « *une expression immorale en public le reste en privé, et est tout aussi néfaste et dangereuse puisqu'elle touche un public déjà acquis : l'entourage, et plus particulièrement, les enfants* » [173]. À cette question, point de réponse claire, si ce n'est l'hypothèse par analogie[174] qu'il pourrait s'agir de protéger la distinction entre liberté d'opinion et liberté de la manifester. Ainsi, en ne réprimant le négationnisme que s'il a été rendu public, on ne sanctionnerait que les abus effectifs de la liberté d'expression, sans prendre le risque de tomber dans un délit d'opinion.

50. « *Atteinte à la liberté d'expression ? Immixtion du juge dans des débats d'historiens ? Tribune fournie aux négateurs ? Ce sont des arguments de peu de poids face à l'enjeu : chasser la bête immonde !* »[175]. Ainsi, même si de

---

[172] THOMAS (Y.), *préc.*

[173] DROIN (N.), *Les limitations à la liberté d'expression dans la loi sur la presse du 29 juillet 1881. Disparition, permanence et résurgence du délit d'opinion*, *op. cit.*, p. 231, n° 263.

[174] Analogie avec l''infraction d'apologie, voir en ce sens : AUVRET (P.), *préc.*, p. 101.

[175] FRANCILLON (J.), « Infractions de presse : délit de contestation de crimes contre l'humanité », *RSC*, 1998, p. 576.

très nombreuses critiques ont pu être réalisées à l'encontre du délit de négationnisme, beaucoup d'entre elles se sont montrées inefficaces à remettre en cause l'infraction. Cependant, s'il est totalement erroné d'affirmer que le délit imposerait une vérité officielle, force est de constater que cette fausse croyance a pu conduire certains auteurs à identifier dans l'infraction un élément constitutif supplémentaire, qui pourtant n'est que chimère.

§2. Une compréhension inexacte du délit aux enjeux centraux

51. S'il est concevable et admis que la rédaction du texte d'incrimination puisse laisser ouvert des débats concernant l'interprétation des termes et des éléments constitutifs de l'infraction, il est en revanche plus difficile d'admettre que le débat en France a longtemps porté sur « *une fausse piste* »[176] concernant ce délit de négationnisme. En effet, et peut-être en réponse aux critiques que l'on vient d'étudier, certains auteurs ont cru bon d'invoquer un critère supplémentaire, tantôt pour défendre l'infraction tantôt pour demander son abrogation. Cependant ce critère, aux origines étranges, n'a jamais existé, ce que confirme une lecture attentive du texte d'incrimination (**A**). Un détour par le droit comparé confortera la position de la France, bien que la jurisprudence de la Cour européenne des droits de l'Homme puisse malheureusement laisser penser qu'elle fait de ce faux critère une condition essentielle à la conventionnalité du délit de négationnisme (**B**).

---

[176] HOCHMANN (Th.), « Le Conseil constitutionnel et l'art de la suggestion. À propos du critère de la condamnation juridictionnelle du crime nié », *préc.*, p. 38.

A. La fausse spécificité du génocide juif : le Tribunal de Nuremberg

52. Cela ne fait plus de doute, il est possible d'encadrer la liberté d'expression en incriminant certains propos, en raison des conséquences préjudiciables que ces derniers peuvent entrainer sur l'ordre public et les droits des tiers. Cependant, il est indubitable que ce n'est pas dans ces termes que le débat s'est posé en France concernant le délit de négationnisme tel que prévu par la loi Gayssot[177]. Il s'est en effet, à tort, davantage porté sur la question de savoir si les crimes niés avaient ou non fait l'objet d'une décision de justice, faisant du critère d'une condamnation juridictionnelle du crime nié un élément central dans les discussions autour du délit. Entrainés par ce faux débat, même les défendeurs de l'infraction se sont retrouvés pris au piège, et ont cru bon d'avancer ce critère pour justifier l'article 24 *bis* de la loi de 1881[178].

53. Les origines de ce critère sont multiples, mais il est principalement apparu au moment où il était question d'étendre le délit de négationnisme à d'autres crimes contre

---

[177] *Ibid.*

[178] Pour deux exemples récents, voir BEIGNIER (B.), *préc.* : « *Ce qui est bel et bien interdit c'est de contester des arrêts dont l'autorité est éminente, voire fondatrice (comme les décisions de Nuremberg) car la loi prohibe la contestation des « crimes », c'est-à-dire la sanction prononcée après qu'un tribunal ait, définitivement, qualifié tel un acte commis* » ; CONTE (Ph.), « L'Histoire et les juges », *Dr. pén.*, 2016, repère 3 : « *Nier cette ignominie revient donc toujours à contester un juge, et pas seulement le crime : la valeur protégée par l'incrimination est aussi l'autorité de la justice, non une vulgate officielle de l'Histoire* ».

l'humanité, et notamment le génocide des Arméniens[179]. Ainsi, pour lutter contre cette extension, que ce soit pour des raisons de protection de la liberté d'expression ou des raisons plus sombres liées à des considérations géopolitiques et à des influences extérieures en provenance de pays alimentant une négation d'État chez eux, certains ont avancé l'idée que ce qui faisait la spécificité de l'incrimination du négationnisme du génocide juif[180] « *tient au fait que l'existence de ce génocide a été reconnu par un tribunal international* »[181]. Mais cet argument a surtout connu une publicité renforcée et un certain écho en doctrine à la suite de la tribune de Robert Badinter publiée dans le journal Le Monde[182] lorsque le Sénat examinait la proposition d'étendre le délit de négationnisme à tous les génocides reconnus par la loi[183]. Notons que l'auteur de cette tribune avance quasiment toutes les critiques que l'on a pu évoquer précédemment, à savoir la supposée incompétence du législateur pour dire l'histoire, la confusion de son rôle avec celui du juge, ainsi que la proclamation d'une prétendue vérité officielle. Mais à tout

---

[179] Voir DE LAMY (B.), *La liberté d'opinion et le droit pénal*, *op. cit.*, pp. 378-379, n° 583 pour une liste des propositions de lois apparues dès 1995 pour étendre le délit de négationnisme, faisant suite notamment à l'affaire Bernard Lewis, historien ayant nié le génocide des Arméniens en 1993, relaxé au pénal (Trib. corr. de Paris, 18 novembre 1994) mais condamné au civil (TGI Paris, 1ère ch., 21 juin 1995).

[180] La dimension plus globale du délit de négationnisme est souvent éludée dans le débat sur sa possible extension.

[181] MATHIEU (B.), LE POURHIET (A.-M.), MELIN-SOUCRALANIEN (F.), LEVADE (A.), PHILIPPE (X.) et ROUSSEAU (D.), « Observations relatives à la loi visant à réprimer la contestation des génocides reconnus par la loi », *préc.*

[182] BADINTER (R.), « Le Parlement n'est pas un tribunal », *Le Monde*, 14 janv. 2012.

[183] Proposition de loi de Mme. BOYER (V.) visant à réprimer la contestation de l'existence des génocides reconnus par la loi, n° 3842, enregistrée le 18 octobre 2011 à l'Assemblée Nationale.

cela, il rajoute que « *le génocide juif par les nazis a été établi et ses auteurs condamnés par le Tribunal militaire international de Nuremberg (...). Rien de tel s'agissant du génocide arménien qui n'a fait l'objet d'aucune décision émanant d'une juridiction internationale ou nationale dont l'autorité s'imposerait à la France* ».
Il est donc clair que ce qui importe pour Robert Badinter, et pour d'autres auteurs, ce n'est pas le fait que la négation du génocide juif entrainerait des conséquences néfastes sur l'ordre public et les droits des tiers, mais le fait que ce génocide a été reconnu par une décision de justice, critère totalement absent du texte incriminant le négationnisme. L'article 24 *bis* n'exige en rien que le crime nié ait fait l'objet d'une décision de justice, que ce soit par le Tribunal de Nuremberg ou par une autre juridiction française ou internationale. Le texte d'incrimination ne fait référence à Nuremberg que pour identifier précisément les auteurs des crimes niés, et non pour identifier ces crimes.

54. Concernant le rôle de cette référence au Tribunal de Nuremberg, un arrêt important a été rendu par la chambre criminelle de la Cour de cassation le 24 mars 2020[184] en ce qu'il vient, notamment, approfondir et clarifier les crimes concernés par l'article 24 *bis*. En effet, cet arrêt a été l'occasion pour la Haute Juridiction de venir réaffirmer la portée réelle de cette référence au Tribunal : l'article 24 *bis* ne fait nullement obstacle à la répression de propos venant nier un crime commis durant la Seconde Guerre mondiale sans pour autant que ce crime ait fait l'objet d'un jugement rendu par le Tribunal de Nuremberg. Autrement dit, « *l'article 24* bis *est applicable à la négation de faits qui n'ont pas été constatés par un tribunal : il suffit que leur auteur ou l'organisation à laquelle il appartient ait fait l'objet d'une condamnation, laquelle peut porter sur*

[184] Cass. crim., 24 mars 2020, *préc.*

d'autres crimes que ceux qui sont niés »[185].

Mais la décision va encore plus loin, et vient préciser « *qu'il suffit que les personnes ainsi désignées les aient décidés ou organisés, peu important que leur exécution matérielle ait été, partiellement ou complètement, le fait de tiers* ». Il s'agit donc d'une interprétation assez large du terme « *commis* » mais qui pour autant ne contrevient pas à la *ratio legis* du texte en ce que rien ne justifie de restreindre le champ d'application de l'infraction aux crimes commis *stricto sensu* par des auteurs condamnés ou ayant appartenus à une organisation déclarée criminelle par une juridiction. Les faits de l'espèce dans cet arrêt du 24 mars 2020 le démontrent bien, puisque même si la rafle du Vel d'Hiv n'a pas fait l'objet d'une grande décision de justice[186], la Cour s'appuie sur des sources historiques pour confirmer les juges d'appels en ce qu'ils ont pu déduire « *que ces faits ont été décidés et planifiés par l'occupant nazi et mis en œuvre avec l'active participation du gouvernement de Vichy, de ses fonctionnaires et de sa police, et ajoutent que les SS, donneurs d'ordre et co-organisateurs de la rafle, étaient membres d'une organisation déclarée criminelle* ». Il suffit donc qu'une personne visée par le texte d'incrimination ait « décidé ou organisé » un crime pour que sa négation soit interdite, ce qui renforce par la même occasion l'idée que nier ou minorer un tel événement tombe bien sous le coup de l'article 24 *bis*, « *sans que jamais ne se pose la question d'une condamnation juridictionnelle de ces faits* »[187].

---

[185] HOCHMANN (Th.), « La question mémorielle de constitutionnalité (à propos de la décision du 28 février 2012 du Conseil constitutionnel) », *préc.*

[186] En assassinant René Bousquet le 8 juin 1993, Christian Didier a sûrement empêché l'adoption d'une grande décision sur la rafle du Vel d'Hiv.

[187] HOCHMANN (Th.), « Le Vel d'Hiv, Nuremberg et le génocide des Arméniens », *préc.*

L'absence de ce critère est d'autant plus souhaitable que bien souvent une décision de justice ne porte que sur des faits précis, un événement bien délimité, là où le négationnisme vise plutôt l'ensemble d'un génocide ou certains de ses éléments caractéristiques.

55. Mais alors « *pourquoi l'interdiction de contredire les constatations factuelles d'un tribunal rassure-t-elle autant les défenseurs de la liberté d'expression* »[188] ? D'autant que ce critère « *semble faire fi de notre souveraineté nationale et consacre la toute-puissance du juge en lieu et place du législateur* »[189] et alors même que « *l'autorité de la chose jugée de ces décisions ne saurait automatiquement emporter la conclusion que la loi Gayssot constitue une ingérence dans l'exercice de la liberté d'expression qui s'avère nécessaire, adaptée et proportionnée à l'objectif poursuivi* »[190].
En vérité, ce faux critère d'une décision du Tribunal de Nuremberg a sans doute été avancé par certains pour ne pas se prononcer sur la réelle question au centre du négationnisme d'autres crimes contre l'humanité : l'incitation à la haine que de tels propos occasionnent. On conçoit aisément que dire d'un génocide que sa négation n'entraine aucune conséquence sur l'ordre public et les droits des tiers ne serait éventuellement pas bien accueilli

---

[188] HOCHMANN (Th.), « Le Conseil constitutionnel et l'art de la suggestion. À propos du critère de la condamnation juridictionnelle du crime nié », *préc.*, p. 42.
[189] PECH (L.), « Lois mémorielles et liberté d'expression : de la controverse à l'ambiguïté », *RFDC*, n° 91, 2012, p. 569.
[190] *Ibid.*

par la communauté en question[191] ; mais cette peur d'attiser les foudres se fait au détriment d'un débat sain autour du négationnisme en ajoutant un critère que le délit ne contient pas. « *Aujourd'hui, personne ne semble avoir le courage scientifique de manifester une telle opinion, sans se cacher derrière l'argument de l'autorité de chose jugée de la décision du Tribunal de Nuremberg... qui seul justifierait le traitement « à part » de la négation de la Shoah* »[192]. Il est vrai que certains auteurs ont pu affirmer par exemple que la négation du génocide arménien ne porte pas en soi les traces de discours haineux[193], mais sans pour autant que « ce courage scientifique » ne soit partagé par tous, et notamment le Conseil constitutionnel qui, par des considérants énigmatiques, se refuse d'incriminer la négation du génocide arménien sans pour autant fonder expressément ses décisions sur cette absence de trouble à l'ordre public et aux droits des tiers.

56. Ce qui est sûr, c'est que même si le débat s'est réfugié « derrière Nuremberg », le critère tenant à la reconnaissance juridictionnelle du crime nié est inopérant

---

[191] Mais encore faudrait-il que cette communauté en question soit présente en France, car pour reprendre un exemple avancé par Thomas Hochmann, il n'est pas sûr que la négation du génocide des Hilotes emporte des répercussions importantes en France, v. HOCHMANN (Th.), « Négationnisme : le Conseil constitutionnel entre ange et démon », *préc.*

[192] MASTOR (W.) et SORBARA (J.-G.), « Réflexions sur le rôle du Parlement à la lumière de la décision du constitutionnel sur la contestation des génocides reconnus par la loi », *RFDA*, 2012, p. 507.

[193] PECH (L.), *préc.* : « *En effet, la Cour européenne a clairement indiqué qu'elle n'accepte la sanction de ceux qui nient l'Holocauste qu'au motif qu'ils ont, selon la Cour, des visées manifestement racistes et antidémocratiques. Or, il paraît difficile de démontrer que ceux qui nient le génocide arménien, sans qu'importe le caractère ridicule ou extrêmement blessant de leurs affirmations, sont animés de mobiles similaires* ».

pour caractériser l'infraction car absent des éléments constitutifs prévus par le texte, ce qui est d'ailleurs le cas dans la plupart des pays ayant adoptés une législation concernant le négationnisme. Cependant, ce critère ne semble pas avoir rendu son dernier souffle, car il pourrait bien sous-tendre la jurisprudence de la Cour européenne des droits de l'Homme sur la question du négationnisme…

B. Absence relative en droit comparé d'un critère implicite pour la Cour européenne des droits de l'Homme

57. Si jusqu'à maintenant nous avons uniquement évoqué l'infraction de négationnisme telle que prévue en France par la loi Gayssot, il n'est pas inintéressant de la comparer à ce qui se fait à l'étranger. La première des choses que l'on remarque c'est que concernant les crimes commis durant la Seconde Guerre mondiale, la quasi-totalité des législations réprimant leur négation se trouve dans l'Union européenne[194]. Cela n'est toutefois pas étonnant car l'Union a pu adopter en 2008 une décision-cadre[195] incitant ses États membres à incriminer le négationnisme, qualifié au demeurant[196].

---

[194] À l'exception de la Suisse et d'Israël.

[195] Décision-cadre 2008/913/JAI du Conseil du 28 novembre 2008 sur la lutte contre certaines formes et manifestations de racisme et de xénophobie au moyen du droit pénal.

[196] La décision-cadre précise dans son article premier §1 c) et d) que l'incrimination porte sur des propos « *visant un groupe de personnes ou un membre d'un tel groupe défini par référence à la race, la couleur, la religion, l'ascendance ou l'origine nationale ou ethnique lorsque le comportement est exercé d'une manière qui risque d'inciter à la violence ou à la haine à l'égard d'un groupe de personnes ou d'un membre d'un tel groupe* ».

58. Mais quand bien même ce négationnisme est incriminé dans bon nombre de pays, il est frappant de voir que seul le législateur français fait spécifiquement référence au Tribunal de Nuremberg. Par exemple, l'Allemagne réprime la négation des actes de génocide « *commis sous le règne du national-socialisme* »[197], la Belgique réprime la négation du « *génocide commis par le régime national-socialiste allemand pendant la Seconde Guerre mondiale* »[198] et l'Autriche la négation du « *génocide national-socialiste ou d'autres crimes contre l'humanité nationaux-socialistes* »[199]. Une telle spécificité française est alors étrange, et l'on comprend encore moins ce qui rassure les défenseurs de la liberté de l'histoire dans la présence d'une référence au Tribunal de Nuremberg[200]. Rien n'interdit au législateur français d'incriminer spécifiquement les crimes commis par les nazis durant la Seconde Guerre mondiale, tout comme rien en réalité ne l'empêchait d'incriminer la négation du génocide arménien[201], sans passer par une formule détournée[202].

59. Il est toutefois important de noter que la décision-cadre de l'Union européenne permet aux États de

---

197 Article 130 (3) du Code pénal allemand (*Strafgesetzbuch*, StGB).

198 Loi du 23 mars 1995 *tendant à réprimer la négation, la minimisation, la justification ou l'approbation du génocide commis par le régime national-socialiste allemand pendant la Seconde Guerre mondiale*, Moniteur belge, 30 mars 1995.

199 Loi *contre les activités nationales-socialistes en Autriche*, entrée en vigueur le 18 février 1947, amendée par la Loi du 26 février 1992 (Federal Gazette, n° 148, 1992), §3.h.

200 HOCHMANN (Th.), « La question mémorielle de constitutionnalité (à propos de la décision du 28 février 2012 du Conseil constitutionnel) », *préc.*

201 *Ibid.*

202 Le législateur voulait incriminer la contestation de crimes « *reconnus comme tels par la loi française* ». Mais en réalité, seul le génocide arménien était visé derrière cette proposition de loi.

restreindre l'incrimination du négationnisme aux seuls crimes « *établis par une décision définitive rendue par une juridiction nationale de cet État membre et/ou une juridiction internationale ou par une décision définitive rendue par une juridiction internationale seulement* »[203]. Toutefois, à en croire le rapport d'évaluation de l'application de la décision-cadre rendu en 2014[204], seuls Chypre, la Lituanie, le Luxembourg, Malte et la Roumanie ont usé de cette possibilité. La France fait également partie de cette liste, mais c'est une erreur puisqu'un tel critère n'est pas prévu par le texte d'incrimination. En tout cas, ce critère interroge quant à ses raisons d'exister, et son absence dans une majorité de législations étrangères conforte l'idée qu'il n'est pas opportun ni nécessaire.

60. Pour autant, ce critère n'a pas totalement disparu, bien au contraire, car la Cour européenne des droits de l'Homme semble autoriser l'incrimination du négationnisme uniquement lorsque les propos en question portent sur des « *faits historiques clairement établis* », catégorie composée jusqu'à présent du seul génocide des juifs. Or, « *le critère d'identification de tels faits semble reposer sur l'existence d'une décision juridictionnelle condamnant le crime nié* »[205]. Ainsi, manque au génocide arménien d'être « *clairement établi par une juridiction internationale* »[206], ce qui aujourd'hui est impossible et rend ainsi quasi-injustifiable aux yeux de la Cour de Strasbourg

---

[203] Art. 1er, 4) de la décision-cadre, *préc.*

[204] Rapport de la Commission au Parlement européen et au Conseil relatif à la mise en œuvre de la décision-cadre 2008/913/JAI sur la lutte contre certaines formes et manifestations de racisme et de xénophobie au moyen du droit pénal, 27 janv. 2014, p. 6.

[205] HOCHMANN (Th.) et KASPARIAN (P.), « Peut-on incriminer d'autres négationnismes que celui de la Shoah ? », *préc.*, p. 9.

[206] CEDH, 17 déc. 2013, *Perinçek c. Suisse*, Section, req. n° 27510/08, §117.

l'incrimination de la négation de ce génocide. On peut ainsi, à l'étude de la jurisprudence de la Cour[207], regretter qu'une telle catégorie ne réponde pas véritablement à des « *mécanismes et principes de qualification particulièrement stricts* »[208], alors même qu'une procédure particulière pourrait voir le jour en se basant sur une proposition doctrinale quelque peu singulière[209].

61. Ainsi, et pour conclure cette section, il est important de comprendre à quel point le débat autour du négationnisme s'est porté et porte toujours sur un critère qui en réalité n'existe pas au sein de l'incrimination. Son absence dans le texte est alors frappante, et ce constat est partagé en droit étranger. Toutefois, ce prétendu critère a permis à bon nombre d'auteurs de se réfugier derrière lui afin de dénier la protection de l'incrimination à d'autres génocides, au premier rang desquels se trouve celui concernant les Arméniens. D'autant que la décision-cadre de 2008 concernant l'incrimination du négationnisme n'a pas aidé à dissiper les doutes sur son existence et son exigence pour caractériser l'infraction. Ce critère est d'ailleurs semble-t-il central dans l'admission de la répression du négationnisme pour la Cour européenne des droits de l'Homme qui, sans le dire, fonde la catégorie des « *faits historiques clairement établis* » sur celui-ci.

62. Plus généralement, et au regard de ce premier chapitre, si de nombreux arguments ont pu être avancés afin de contester le délit de négationnisme tel que prévu à l'article 24 *bis* en 1990, force est de constater que l'incrimination résiste à bon nombre d'entre eux. En effet,

---

[207] V. *infra* n° 64 s.

[208] MARGUÉNAUD (J.-P.), « La Cour européenne des droits de l'Homme à l'épreuve du négationnisme », *in* HOCHMANN (Th.) et KASPARIAN (P.) (dir.), *op.cit.*, p. 25.

[209] V. *infra* n° 198 s.

le législateur est bien compétent pour incriminer le négationnisme, sans pour autant empiéter sur le rôle du juge ni même sur celui de l'historien puisqu'il n'écrit pas une Histoire officielle. La vision erronée selon laquelle seul le génocide des juifs serait protégé par l'incrimination a sans doute conduit à l'identification d'un critère qui n'existe pas afin de caractériser l'infraction. C'est pourquoi l'idée selon laquelle l'interdiction du négationnisme ne peut porter que sur des crimes reconnus comme tels par une décision de justice doit être abandonnée. L'on ne peut alors qu'appeler chacun à bien relire la lettre de l'infraction et d'avoir en tête les éléments constitutifs tels que présentés ici afin que le débat soit recentré sur ce que l'incrimination du négationnisme est vraiment. Une fois ce travail fait, ce sont ses justifications qui vont devoir nous intéresser, notamment au regard de la jurisprudence française et européenne, afin de bien comprendre comment le législateur français a pu étendre le délit en 2017. En effet, le délit d'aujourd'hui résulte en grande partie de l'incompréhension et des justifications apportées à propos du délit d'hier.

Chapitre 2 : Justifications européenne et française du délit de négationnisme

63. Si la liberté d'expression peut être encadrée, plusieurs conditions doivent néanmoins être respectées, que ce soit au niveau constitutionnel ou conventionnel. Le Conseil constitutionnel n'a pas été saisi *a priori* du texte créant l'incrimination du négationnisme en 1990. C'est alors la question prioritaire de constitutionnalité[210] créée en 2008[211] qui a permis au Conseil de se pencher sur ce délit, et de déclarer l'article 24 *bis* conforme à la Constitution. Cette décision est à la fois bienvenue en ce qu'elle permet de clore le débat sur la constitutionnalité de l'infraction, mais dans le même temps regrettable en ce qu'elle joint à un argumentaire solide des considérations inexactes ou fâcheuses, ce qui ne sera pas sans conséquences sur le futur du délit (**Section 2**). Cependant, cette décision a sans doute été influencée par la jurisprudence de la Cour européenne des droits de l'Homme sur le négationnisme, en ce que la Cour de Strasbourg admet son incrimination, mais seulement lorsque celle-ci porte sur la Seconde Guerre mondiale semble-t-il (**Section 1**).

Section 1. La conventionnalité du délit : une justification cantonnée au négationnisme de l'Holocauste

64. La Cour européenne des droits de l'Homme a eu à se prononcer sur le négationnisme et son incrimination en

---

[210] « QPC » pour la suite.

[211] Loi constitutionnelle n° 2008-724 du 23 juillet 2008 *de modernisation des institutions de la Ve République*, JORF n° 0171 du 24 juillet 2008.

droit interne. Bien qu'elle « *n'a*[it] *pas vocation à se substituer aux juridictions nationales* »[212], il n'en demeure pas moins que concernant la liberté d'expression, « *elle s'assure que les autorités nationales ont appliqué des règles conformes aux principes consacrés à l'article 10* »[213]. Elle a alors pu déclarer conventionnelle l'incrimination du négationnisme, mais sous certaines conditions qui en vérité ne viennent légitimer l'infraction que lorsque celle-ci porte sur la Seconde Guerre mondiale (**§1**). Son raisonnement pour écarter l'incrimination de la négation de crimes autres que ceux commis durant cette période peut alors interroger, puisque la Cour avance des arguments pour ainsi dire troublants (**§2**).

§1. La position ambivalente de la Cour de Strasbourg en fonction de l'objet de la négation

65. La Cour européenne des droits de l'Homme a eu plusieurs occasions de se prononcer par rapport à la question complexe de l'incrimination du négationnisme et de ses justifications. Au regard de sa jurisprudence, il apparait que son interdiction est autorisée, mais seulement lorsque l'infraction porte sur les crimes commis durant la Seconde Guerre mondiale, puisqu'ils rentrent dans la catégorie propre à la Cour des « *faits historiques clairement établis* ». Cependant, lorsque l'on se penche sur les critères permettant de rattacher des faits à cette catégorie, l'on se rend vite compte qu'elle ne comporte que l'Holocauste (**A**), la Cour ayant toujours refusé d'y admettre d'autres crimes

---

212 DOURNEAU-JOSETTE (P.), Rép. pén. Dalloz, *V° Convention européenne des droits de l'homme : jurisprudence de la Cour européenne des droits de l'homme en matière pénale*, n° 679.

213 *Ibid.*

contre l'humanité, et ce par des raisonnements quelque peu critiquables (**B**).

A. Une justification accordée face à la négation de « *faits historiques clairement établis* »

66. L'arrêt Handyside contre Royaume-Uni fut l'occasion pour la Cour européenne des droits de l'Homme d'affirmer avec force l'importance que peut revêtir la liberté d'expression dans une société démocratique, que ce soit à l'égard des « *"informations" ou "idées" accueillies avec faveur ou considérées comme inoffensives ou indifférentes, mais aussi pour celles qui heurtent, choquent ou inquiètent l'État ou une fraction quelconque de la population* » [214]. Ainsi, l'on pourrait se dire de prime abord que le négationnisme tombe parfaitement sous le coup de cette deuxième affirmation, en ce que les idées véhiculées par de tels propos heurtent sans hésitation une partie de la population et devraient même inquiéter tout le monde, mais que toutefois la liberté d'expression voudrait que ces propos ne soient pas incriminés. Mais face à cela, la Cour a immédiatement rappelé qu'une telle liberté devait s'exercer « *sous réserve du paragraphe 2 de l'article 10* »[215].

En effet, le paragraphe 2 de cet article vient prévoir expressément que l'exercice de cette liberté comporte des devoirs et des responsabilités, ce qui fait de ce droit le plus relatif de tous les droits relatifs conventionnels[216]. Ce paragraphe permet alors de restreindre la liberté

---

[214] CEDH, 7 déc. 1976, *Handyside c. Royaume-Uni*, req. n° 5493/72.
[215] *Ibid.*
[216] MARGUÉNAUD (J.-P.), « La Cour européenne des droits de l'Homme à l'épreuve du négationnisme », *in* HOCHMANN (Th.) et KASPARIAN (P.) (dir.), *L'extension du délit de négationnisme*, LGDJ, Institut Universitaire Varenne, coll. « Transition & Justice », 2019, p. 16.

d'expression lorsque son exercice porte atteinte « *à la sécurité nationale, à l'intégrité territoriale ou à la sûreté publique, à la défense de l'ordre et à la prévention du crime, à la protection de la santé ou de la morale, à la protection de la réputation ou des droits d'autrui, pour empêcher la divulgation d'informations confidentielles ou pour garantir l'autorité et l'impartialité du pouvoir judiciaire* »[217]. Il faut donc qu'une limitation à l'exercice de la liberté d'expression réponde à un de ces fondements pour qu'elle soit jugée conventionnelle, sous réserve des conditions classiques de légitimité, nécessité et proportionnalité[218].

67. Toutefois, sur la question du négationnisme, la Cour européenne des droits de l'Homme a pu développer une tout autre méthode. En effet, dans la plupart des affaires où elle a eu à connaitre du négationnisme, la Cour raisonne non pas sur les fondements précédemment évoqués pour rejeter la requête qui lui est soumise, mais sur ce que la doctrine appelle la « clause couperet », à savoir l'article 17[219] de la Convention qui est relatif à l'abus de droit, afin de justifier une atteinte à l'article 10. Cette méthode est notamment venue consacrer la thèse soutenue en doctrine selon laquelle « *la négation du génocide perpétré par les nazis et leurs complices à l'encontre des juifs fait partie du projet génocidaire lui-même et inscrit d'emblée dans une*

---

[217] Art. 10 al. 2 CSDHLF.

[218] Sur ces questions, v. not. DOURNEAU-JOSETTE (P.), *préc.*, n° 685.

[219] Art. 17 CSDHLF : « *Aucune des dispositions de la présente Convention ne peut être interprétée comme impliquant pour un État, un groupement ou un individu, un droit quelconque de se livrer à une activité ou d'accomplir un acte visant à la destruction des droits ou libertés reconnus dans la présente Convention ou à des limitations plus amples de ces droits et libertés que celles prévues à ladite Convention* », nous soulignons.

perspective singulière la question de la licéité, au regard du droit, d'écrits visant à nier le génocide »[220], en ce que le délit de négationnisme « *constituerait une juste restriction à la liberté d'expression de ceux qui, sous couvert de débat scientifique, (...) tentent de rallumer le foyer de l'antisémitisme* »[221]. Ainsi, parce qu'il s'agit d'un abus de la liberté d'expression, les requérants ne peuvent invoquer l'article 10 pour venir justifier leurs propos ou écrits quand ceux-ci viennent nier d'autres droits garantis par la Convention.

68. Les premières traces de cette méthode peuvent être observées dans l'arrêt Pierre Marais contre France de 1996[222]. Dans cette affaire, la Commission européenne des droits de l'Homme est venue déclarer la requête irrecevable aux motifs que « *les dispositions pertinentes de la loi de 1881 et leur application en l'espèce visaient à préserver la paix au sein de la population française* » ce qui dès lors permettait de justifier l'ingérence de l'État français dans le droit à la liberté d'expression en ce que l'article 24 *bis* de la loi de 1881 était « *nécessaire dans une société démocratique* ». La Commission européenne rajoute avoir « *également pris en compte l'article 17 de la Convention* » et considère que « *le requérant tente de détourner l'article 10 de sa vocation en utilisant son droit à la liberté d'expression à des fins contraires au texte et à l'esprit de la Convention* ». Cependant, la Commission ne se fonde pas

---

[220] WACHSMANN (P.), « Liberté d'expression et négationnisme », *RTDH*, 2001, n° 46, p. 585.

[221] ROETS (D.), « Épilogue européen dans l'affaire Garaudy : les droits de l'homme à l'épreuve du négationnisme », *D.*, 2004, p. 239.

[222] Comm. EDH, 24 juin 1996, *Marais c. France*, req. n° 31159/96 ; il s'agissait d'un auteur qui avait été pénalement condamné pour un article paru dans une revue dans lequel il revenait sur la réalité des chambres à gaz, et qui contestait alors sa condamnation au niveau européen sur le fondement de l'article 10 de la Convention.

directement sur l'article 17 pour rejeter la requête, cantonnant ainsi l'article à la fonction d' « *adjuvant interprétatif* »[223], puisqu'elle fonde sa décision *in fine* sur l'article 10 paragraphe 2 de la Convention et uniquement cet article.

69. La méthode est alors dégagée explicitement dans l'arrêt Lehideux et Isorni contre France de 1998[224]. Ainsi, la Cour estime que la négation de « *faits historiques clairement établis - tel l'Holocauste – (...) se verrait soustraite par l'article 17 à la protection de l'article 10* »[225]. Cependant, dans cette affaire, la Cour estime qu'il y a eu une violation de l'article 10 de la Convention car les faits dont il était question en l'espèce[226] ne rentraient pas dans la catégorie des « *faits historiques clairement établis* ». Cet arrêt est toutefois très important car il mentionne expressément la méthode à suivre dès lors que les faits dont il est question rentrent dans la catégorie que la Cour dégage dans ce même arrêt. Dans l'arrêt Witzsch contre Allemagne de 1999[227], la Cour réutilise la catégorie des « *faits historiques clairement établis* », mais cette décision reste encore à mi-chemin car la Cour, bien que raisonnant sur la négation de l'Holocauste, décide de déclarer la requête qui lui est présentée irrecevable, non pas en usant de la « *guillotine* »[228] de l'article 17, mais en

---

[223] VAN DROOGHENBROECK (S.), « L'art. 17 de la Convention européenne des droits de l'homme est-il indispensable ? », *RTDH*, 2001, p. 555.
[224] CEDH, 23 sept. 1998, *Lehideux et Isorni c. France*, req. n° 55/1997/839/1045.
[225] *Ibid.*, §47.
[226] Cela concernait l'Entrevue de Montoire entre Pétain et Hitler le 24 octobre 1940.
[227] CEDH, 20 avril 1999, *Witzsch c. Allemagne*, req. n° 41448/98.
[228] FLAUSS (J.-F.), « L'abus de droit dans le cadre de la Convention européenne des droits de l'homme », *RUDH*, 1992, p. 464.

affirmant que la condamnation était nécessaire dans une société démocratique au sens de l'article 10 paragraphe 2 de la Convention.

70. Il faut attendre l'arrêt Garaudy contre France de 2003[229] pour que la Cour utilise enfin cette méthode de soustraction. Il s'agissait d'un auteur français qui avait publié plusieurs livres, dont l'un était intitulé « *Les mythes fondateurs de la politique israélienne* » en 1996 et pour lequel quatre plaintes avec constitution de partie civile avaient été déposées des chefs de contestation de crimes contre l'humanité, de diffamation publique raciale et de provocation à la haine ou à la violence à raison de la race ou de la religion. *In fine*, le requérant fut condamné, entre autres, pour négationnisme, ce qu'il contesta devant la Cour européenne des droits de l'Homme. Face à cela, la Cour commença par rappeler « *qu'elle n'a pas à se prononcer sur les éléments constitutifs des délits de contestation de crimes contre l'humanité* » puisque cela relève des autorités nationales, et notamment des tribunaux. Cependant, elle est venue affirmer avec conviction qu' « *il ne fait aucun doute que contester la réalité de faits historiques clairement établis, tels que l'Holocauste, comme le fait le requérant dans son ouvrage, ne relève en aucune manière d'un travail de recherche historique s'apparentant à une quête de la vérité* », qu'en l'espèce « *il s'agit en fait de réhabiliter le régime national-socialiste, et, par voie de conséquence, d'accuser de falsification de l'histoire les victimes elles-*

[229] CEDH, 24 juin 2003, *Garaudy c. France*, req. n° 65831/01.

mêmes »[230], ce qui « *apparaît comme l'une des formes les plus aiguës de diffamation raciale envers les Juifs et d'incitation à la haine à leur égard* ». La Cour rajoute donc que « *la négation ou la révision de faits historiques de ce type remettent en cause les valeurs qui fondent la lutte contre le racisme et l'antisémitisme et sont de nature à troubler gravement l'ordre public* ». Cela lui permit de conclure que « *portant atteinte aux droits d'autrui, de tels actes sont incompatibles avec la démocratie et les droits de l'homme et leurs auteurs visent incontestablement des objectifs du type de ceux prohibés par l'article 17 de la Convention* ». Il est donc clair que la Cour de Strasbourg utilise bien la méthode de soustraction dégagée en 1998 afin de venir déclarer irrecevable des requêtes visant à contester une condamnation pour négationnisme. Notons toutefois qu'encore aujourd'hui il peut arriver que la Cour ne se fonde pas sur la catégorie qu'elle a dégagée et sur sa méthode de soustraction, comme en 2011[231] (mais qui peut se comprendre en raison de la teneur des propos) ou encore en 2016[232] (moins compréhensible), préférant se prêter à un classique contrôle de proportionnalité[233].

71. Au-delà de ces quelques décisions, la Cour utilise donc majoritairement cette méthode de soustraction, mais à condition que les propos incriminés rentrent dans la catégorie des « *faits historiques clairement établis* ». Si

---

[230] *Ibid.* ; à ce propos, v. DE LAMY (B.), *La liberté d'opinion et le droit pénal*, LGDJ, 2000, p. 371 : « *Les parlementaires qui ont proposé d'incriminer le révisionnisme ont allégué que la contestation de l'existence des crimes contre l'humanité est un phénomène dangereux en ce qu'il tente de réhabiliter le nazisme et constitue un important vecteur de l'antisémitisme (Voir l'intervention du Garde des sceaux, JO, 3 mai 1990, Débats, Assemblée nationale, p. 905)* ».

[231] CEDH, 7 juin 2011, *Gollnisch c. France*, req. n° 48135/08.

[232] CEDH, 13 sept. 2016, *Le Pen c. France*, req. n° 52672/13.

[233] MARGUÉNAUD (J.-P.), *préc.*, p. 22.

l'Holocauste fait explicitement partie de cette catégorie puisque la Cour l'a rappelé à de nombreuses reprises, il semblerait qu'elle n'exclut pas que d'autres faits puissent y rentrer. Se pose alors la question cruciale de savoir quels sont les « *critères à partir desquels d'autres faits historiques que l'Holocauste pourront être qualifiés de clairement établis* »[234]. La Cour ne semble pas avoir indiqué de méthode, et semble même se refuser à en donner une. Cependant, en partant de l'arrêt Perinçek contre Suisse de 2013[235] l'on comprend que ce qui différencie le génocide juif d'autres génocides (arménien en l'espèce) tient au fait que « *les faits historiques remis en cause par les intéressés avaient été jugés clairement établis par une juridiction internationale* »[236] (le Tribunal de Nuremberg).

72. Mais ce qui est encore plus surprenant dans cet arrêt Perinçek, c'est que la Cour vient fonder son raisonnement en évoquant des décisions qui concernaient l'Holocauste, et rappelle alors que « *les requérants dans ces affaires avaient non pas contesté la simple qualification juridique d'un crime, mais nié des faits historiques* »[237]. Ainsi, pour la Cour, il y aurait une distinction entre nier la simple qualification juridique d'un crime, comme c'était selon elle le cas en l'espèce[238], et le fait de nier les faits historiques

---

[234] *Ibid.*, p. 24.

[235] CEDH, 17 déc. 2013, *Perinçek c. Suisse*, Section, req. n° 27510/08.

[236] *Ibid.*, §117.

[237] *Ibid.*

[238] Pour une opinion divergente, v. MARGUÉNAUD (J.-P.), « L'arrêt de Grande Chambre Perinçek c/ Suisse relatif à la liberté de contester le génocide des Arméniens : un tête-à-queue méthodologique », *RSC*, 2016, p. 132 : « *en négligeant d'observer, au grand dam des 7 juges dissidents, que, au-delà d'une simple négation du génocide des Arméniens en tant que qualification juridique, ses propos tendaient à un détournement des faits en présentant presque comme défensifs les agissements des autorités ottomanes dans les années 1915 et suivantes (...)* ».

eux-mêmes. Seule la négation des faits peut alors justifier une répression qui serait nécessaire dans une société démocratique, ce qui peut ne pas emporter une totale adhésion en raison des conséquences malheureuses que cela pourrait engendrer.

B. Une justification refusée face aux génocides autres que celui des juifs

73. Cette décision Perinçek contre Suisse de 2013 a beaucoup fait parler puisque la Cour européenne semblait y faire une distinction entre la négation des faits, et la négation de leur qualification juridique, cette dernière et cette dernière seulement étant autorisée au nom de la liberté d'expression. Au surplus, l'arrêt distinguait le génocide des Arméniens du génocide des juifs et considérait que là où la réalité, ou du moins la qualification juridique du génocide arménien ne faisait pas consensus, ce n'était pas le cas des crimes nazis à l'encontre des juifs qui font l'objet d'une reconnaissance unanime parmi les États membres à la Convention et qui derechef ont été condamnés par une juridiction internationale. Il y aurait pour ainsi dire « *génocide et génocide* »[239].
Concernant cette distinction de l'objet de la négation, il est possible de la contester, en ce qu'il est tout à fait concevable, du moins en droit français, que seule la qualification juridique du génocide des juifs soit niée, ce qui constitue sans doute non pas une négation mais une révision, sans que cela n'empêche de rentrer en voie de

---

[239] SAFI (F.), « Il y aurait donc génocide et génocide… », *Dr. pén.*, 2015, comm. 139.

condamnation[240]. Et concernant la reconnaissance des crimes nazis par une juridiction internationale, nous ne reviendrons pas sur toutes les critiques déjà évoquées à l'encontre de ce critère[241], qui en réalité ne sert bien souvent qu'à masquer la volonté de ne pas incriminer la négation d'autres génocides, notamment celui des Arméniens, pour des raisons parfois diplomatiques.

74. Cependant, l'argumentation de 2013 doit être abandonnée, puisque la Suisse a obtenu que l'affaire soit de nouveau jugée mais cette fois-ci devant la grande chambre de la Cour européenne. C'est ainsi qu'un deuxième arrêt Perinçek contre Suisse[242] a été rendu, abandonnant toute référence « *à la pertinence ou l'impertinence de la qualification de « génocide »* »[243], préférant aborder « *de front la question cruciale, qui touche à l'évaluation des conséquences préjudiciables de la négation du génocide* »[244]. Ainsi, pour aborder cette question, la Cour rappelle qu'elle s'attachera entre autres « *à la nature des propos du requérant, au contexte de l'ingérence dont ils ont fait l'objet, à la mesure dans laquelle ils ont heurté les droits des Arméniens (...), et, enfin, à la gravité de l'ingérence* »[245].

75. Lorsque la Cour s'attache à apprécier la nature des propos, en vérité elle cherche à savoir si la négation du

---

[240] HOCHMANN (Th.), « Négationnisme du génocide arménien : défauts et qualités de l'arrêt Perinçek contre Suisse », *RDLF*, 2015, chron. n° 27 : « *Dans la décision Witzsch contre Allemagne, la Cour avait déclaré irrecevable la requête d'un individu qui ne contestait ni les massacres de juifs ni les chambres à gaz, mais le fait que Hitler et le NSDAP aient planifié un génocide* ».

[241] V. *supra* n° 51 s.

[242] CEDH, 15 oct. 2015, *Perinçek c. Suisse*, gr. ch., req. n° 27510/08

[243] MARGUÉNAUD (J.-P.), *préc.*

[244] HOCHMANN (Th.), *préc.*

[245] CEDH, *préc.*, §228.

génocide arménien est un négationnisme simple ou qualifié. Autrement dit, elle cherche à savoir si les propos peuvent s'analyser en un appel à la violence, à la haine ou à l'intolérance à l'encontre des Arméniens. La réponse est négative pour la Cour car « *compte tenu de la portée générale des propos en question* »[246] elle « *ne voit pas en eux une forme d'incitation à la haine ou à l'intolérance* »[247], d'autant que « *le requérant n'a pas fait preuve de mépris ou de haine à l'égard des victimes des événements survenus en 1915 et les années suivantes* »[248]. Toutefois, loin de s'arrêter là, et alors « *qu'elle n'était pas obligée de le faire* »[249], la Cour décide d'établir un parallèle entre les propos dont il est question en l'espèce et les propos venant nier l'Holocauste. Elle vient alors rappeler que de tels propos, lorsqu'ils sont tournés vers l'Holocauste, sont « *présumés pouvoir* »[250] consister en une incitation à la haine. Cette présomption est alors très importante, car cela signifie que pour la Cour européenne des droits de l'Homme le négationnisme du génocide des juifs est toujours un négationnisme qualifié, jamais un négationnisme simple[251]. Ce raisonnement a au moins le mérite de comparer non plus les génocides entre eux, mais les propos niant les génocides[252], et donc il n'y aurait plus « *génocide et génocide* »[253] mais « *négation et négation* »[254], ce qui correspond mieux aux enjeux de la

---

[246] CEDH, *préc.*, §233.
[247] *Ibid.*
[248] *Ibid.*
[249] SAFI (F.), *préc.*
[250] CEDH, *préc.*, §234.
[251] HOCHMANN (Th.), *préc.*
[252] *Ibid.*
[253] SAFI (F.), *préc.*
[254] BESSE (Th.), *La pénalisation de l'expression publique*, LGDJ, Institut Francophone pour la Justice et la Démocratie, 2019, p. 163, n° 186.

protection de la liberté d'expression et de sa mise en balance avec d'autres intérêts. Cependant, si une telle présomption est concevable à l'encontre de l'Holocauste, l'on peut se demander pourquoi elle n'est valable qu'à l'encontre du génocide des juifs à l'exclusion de tous les autres ? En effet, la haine raciale semble être au cœur, ou du moins être une part importante dans la commission des crimes contre l'humanité : « *ne s'agit-il pas d'infractions racistes par excellence ?* »[255]. Dès lors, la négation de ces crimes semble également porter en elle cette haine raciale. Ainsi, et comme le soupçonnent plusieurs auteurs[256], la réelle justification de cette différence entre la négation de ces deux génocides réside sans doute davantage du côté diplomatique.

76. La Cour en arrive en tout cas à la déduction que là où le négationnisme de l'Holocauste constitue irrémédiablement un négationnisme qualifié, il n'en va pas de même pour la négation du génocide des Arméniens. Reste donc la question de savoir si nier ce génocide peut s'analyser en un négationnisme simple, ce qui amène la Cour à s'attarder sur les éventuelles conséquences néfastes d'un tel négationnisme à l'aune, en principe, des fondements prévus à l'article 10 paragraphe 2 de la Convention. Avant de se questionner sur ces atteintes, il faut encore que la Cour identifie ces fondements, ces « buts légitimes » poursuivis par l'ingérence du droit suisse. Dès cette première étape, la Cour écarte sans hésitation la menace à l'ordre public matériel, c'est-à-dire le risque de

---

[255] SAFI (F.), « À la recherche d'un fondement à l'incrimination du négationnisme », *D.*, 2017, p. 686.

[256] Not. MARGUÉNAUD (J.-P.), « L'arrêt de Grande Chambre Perinçek c/ Suisse relatif à la liberté de contester le génocide des Arméniens : un tête-à-queue méthodologique », *préc.* ; SAFI (F.), « « Il y aurait donc génocide et génocide… » », *préc.* ; SAFI (F.), « À la recherche d'un fondement à l'incrimination du négationnisme », *préc.*

violence puisque « *rien ne prouve que, à la date des événements publics au cours desquels le requérant a tenu les propos en cause, les autorités suisses aient vu en ceux-ci un risque de troubles à l'ordre et qu'elles aient cherché à les contrôler sur ce fondement* »[257].

77. Toutefois, afin sans doute de ne pas terminer trop tôt son raisonnement[258], la Cour accepte de voir dans l'ingérence du droit suisse une manière de protéger les « *droits d'autrui* ». Face à ce fondement, la Cour utilise sa méthode classique de « balance des intérêts » afin d'identifier un juste équilibre entre d'un côté la liberté d'expression, et de l'autre, et de manière fort curieuse[259], le droit au respect de la vie privée[260]. En effet, si cette méthode n'est absolument pas surprenante, et même bienvenue, invoquer la vie privée dans cette mise en balance est assez étrange puisque la Cour se fondait jusqu'à présent, concernant le négationnisme de l'Holocauste, uniquement sur l'incitation à la haine que de tels propos pouvaient engendrer et sur leurs caractères raciste et antisémite, et non sur une éventuelle atteinte à la vie privée. Ainsi, « *à en croire la Cour, la négation du génocide arménien porte atteinte à la réputation des ancêtres et ne se rattache donc pas, comme c'est le cas s'agissant de la négation des crimes nazis, au fait de véhiculer une idéologie raciste et antisémite* » [261]. On peut sûrement supposer que la Cour se base sur ce fondement pour ne pas se démentir, puisqu'il aurait été contradictoire d'affirmer que nier le génocide des Arméniens ne constitue pas un négationnisme qualifié car cette négation ne renferme pas en elle-même une incitation

---

[257] CEDH, *préc.*, §153.
[258] HOCHMANN (Th.), *préc.*
[259] SAFI (F.), « Il y aurait donc génocide et génocide… », *préc.*
[260] CEDH, *préc.*, §228 ; art. 8 CSDHLF.
[261] SAFI (F.), *préc.*

à la haine, et ensuite annoncer examiner les conséquences de ces propos au regard d'une telle incitation, la solution étant dès lors déjà connue. Toutefois, quand bien même la Cour se base sur un autre fondement, cela ne l'empêche pas de répondre immédiatement qu'une telle atteinte à la vie privée n'est pas identifiable en l'espèce, puisqu' « *en contestant la qualification juridique des événements, le requérant ne peut guère passer pour avoir dénigré ces personnes, privé celles-ci de leur dignité ou diminué leur humanité* »[262]. La Cour reviendra sur cette question plus loin dans son raisonnement, mais uniquement pour insister de nouveau sur le fait qu' « *elle ne saurait toutefois admettre que les discours du requérant ici en cause aient attenté à la dignité des Arméniens qui ont souffert et péri au cours de ces événements ainsi qu'à la dignité et à l'identité de leurs descendants au point de nécessiter des mesures d'ordre pénal en Suisse* »[263].

78. Au-delà de cette solution, le raisonnement sur lequel se fonde la Cour, opposant liberté d'expression et droit au respect de la vie privée, appelle certaines remarques. En effet, ce droit au respect de la vie privée ne concerne en l'espèce pas une personne, mais une communauté, opérant une « *mutation de la vie privée individuelle en vie privée communautaire* »[264]. Si un auteur regrette que la Cour ne soit pas passée par le concept de « *réputation des ancêtres* »[265] qui lui est pourtant cher, un autre remarque la construction étrange du raisonnement de la Cour sur ce point-là[266]. En effet, si elle retient que l'ingérence du droit pénal suisse vise à protéger les droits d'autrui, la Cour

---

[262] CEDH, *préc.*, §156.
[263] *Ibid.*, §252.
[264] MARGUÉNAUD (J.-P.), *préc.*
[265] *Ibid.*
[266] HOCHMANN (Th.), *préc.*, note 79.

semble estimer que « *les arméniens d'aujourd'hui ne sont pas atteints directement par les propos, mais uniquement par l'intermédiaire de l'atteinte à la dignité des arméniens de 1915* »[267] alors même que selon elle « *il faut établir une distinction entre, d'une part, la dignité des victimes et des rescapés des événements survenus en 1915 et les années suivantes et, d'autre part, la dignité, y compris l'identité, de leurs descendants, les Arméniens d'aujourd'hui* »[268]. Cependant, la Cour ne tire aucune conséquence de cette distinction puisqu'elle établit une forme d'atteinte automatique aux Arméniens d'aujourd'hui lorsqu'une atteinte est portée à la dignité de leurs ancêtres[269], ce qui rend son raisonnement incohérent.

79. Pour finir son examen de l'affaire, la Cour en vient à examiner la « *gravité de l'ingérence* », et elle rappelle qu'il s'agit d'une sanction pénale, donc « *d'une sanction grave* » alors même que « *d'autres moyens d'intervention et de réfutation, notamment par les voies de droits civiles* » [270] existent. Il ne s'agit donc pas d'examiner la gravité de la sanction prononcée, mais d'examiner la nature même de la condamnation, en l'espèce une condamnation pénale qui est « *l'une des formes les plus graves d'ingérence dans le droit à la liberté d'expression* »[271], et qui dès lors ne saurait être justifiée au regard de tout ce que la Cour a pu identifier au préalable.

80. Cette décision de la Cour européenne des droits de l'Homme permet à la fois de mettre un terme à la question de l'incrimination du négationnisme du génocide des

---

[267] *Ibid.*
[268] CEDH, *préc.*, §155.
[269] *Ibid.*, §156 : « *L'ingérence tendait aussi à protéger la dignité de ces personnes et, partant, celle de leurs descendants* », nous soulignons.
[270] *Ibid.*, §273.
[271] *Ibid.*

Arméniens[272], et en même temps de renforcer la justification de celle du négationnisme de l'Holocauste. Cependant, à trop distinguer les deux et à mêler les raisonnements, la Cour s'empêtre parfois dans des réflexions qui peuvent dans une certaine mesure remettre en cause le délit de négationnisme de l'Holocauste, ou du moins questionner sur leur pertinence face aux enjeux de la liberté d'expression et à ceux d'une telle incrimination.

§2. Des tempéraments apportés par la Cour menaçant l'avenir du délit

81. Si la Cour s'adonne à des raisonnements parfois fins en vue de justifier l'incrimination du négationnisme de l'Holocauste tout en refusant celle de la négation d'autres faits, certaines de ses réflexions sont périlleuses. Elles permettent frontalement d'abonder dans le sens d'une restriction stricte de la liberté d'expression cantonnée à la négation des crimes nazis, mais certaines d'entre elles semblent compromettre quelque peu le destin de l'infraction (**A**). De plus, dans son arrêt Perinçek contre Suisse de 2015, si la Cour recentre le débat sur la question centrale, à savoir les conséquences néfastes des propos tenus, « *elle l'a fait au prix d'un raisonnement moins convaincant* »[273] en allant sans doute au-delà de ce dont elle avait besoin pour justifier sa position, ce qui entraine une

---

[272] La Cour ne refuse pas en bloc l'incrimination du négationnisme du génocide arménien, mais estime que les conditions ne sont pas remplies en l'espèce pour qu'une telle infraction existe en Suisse. Ce n'est donc pas une interdiction générale et absolue, même si en mêlant à son raisonnement des facteurs géographique et historique, l'on peut craindre qu'une telle incrimination ne soit pas réellement possible en France non plus.

[273] MARGUÉNAUD (J.-P.), J-Cl. Communication, Fasc. 12, *La liberté d'expression et la Convention européenne des droits de l'Homme*, n° 59.

dangereuse confusion à propos de deux facteurs qui sont on ne peut plus critiquables (**B**).

A. La liberté d'expression sauvegardée par la nécessité d'affronter l'Histoire avec le recul du temps

82. La Cour européenne des droits de l'Homme a eu l'occasion de rappeler à plusieurs reprises que « *la recherche de la vérité historique fait partie intégrante de la liberté d'expression* »[274] et que de ce fait « *il ne lui revient pas d'arbitrer la question historique de fond* »[275], et qu'il est dès lors « *primordial dans une société démocratique que le débat engagé, relatif à l'origine de faits d'une particulière gravité constituant des crimes contre l'humanité, puisse se dérouler librement* »[276]. Mais la Cour de Strasbourg est même allée encore plus loin dans l'arrêt Lehideux et Isorni[277], puisque pour déclarer la condamnation des deux auteurs contraire à l'article 10 de la Convention elle ne s'est pas uniquement bornée à rappeler son énoncé dégagé dans l'arrêt Handyside contre Royaume-Uni par rapport aux idées et opinions pouvant heurter, choquer ou inquiéter la société ou une communauté particulière[278]. Elle est en effet venue affirmer que même si les propos tenus par les requérants étaient « *toujours de nature à ranimer la controverse et à raviver des souffrances dans la population, le recul du temps entraîne qu'il ne conviendrait pas, quarante ans après, de leur appliquer la même sévérité que dix ou vingt ans auparavant. Cela*

---

[274] CEDH, 29 juin 2004, *Chauvy c. France*, req. n° 64915/01, §69 ; CEDH, 14 sept. 2010, *Dink c. Turquie*, req. n° 2668/07, §135.
[275] *Ibid.*
[276] DOURNEAU-JOSETTE (P.), *préc.*, n° 675.
[277] CEDH, *Lehideux et Isorni c. France*, *préc.*, §55.
[278] CEDH, *Handyside c. Royaume-Uni*, *préc.*

participe des efforts que tout pays est appelé à fournir pour débattre ouvertement et sereinement de sa propre histoire »[279].

83. Ce second temps de la réflexion est alors une affirmation qui peut paraitre étrange au regard de la position de la Cour sur le négationnisme. En écrivant cela, elle semble affirmer que « *le recul du temps peut justifier à la fois un renforcement de l'exigence de vérité que l'État doit courageusement affronter et une érosion de la sévérité que l'État doit concéder* »[280], ce qui peut paraitre ambiguë. En effet, on peut se demander si cette exigence de vérité ne pourrait pas aller jusqu'à interdire de nier ce passé, ce qui n'est pas sans poser problème par rapport à la critique tenant à l'instauration d'une éventuelle Histoire officielle, mais qui permettrait de lutter contre la propagation de fausses idées tout en affichant la volonté de l'État de reconnaitre son passé. En vérité, il y a peu de chance que cette affirmation de la Cour européenne des droits de l'Homme ait été conçue ainsi, et pour s'en convaincre, on peut évoquer de nouveau l'arrêt Perinçek de 2013 qui, en se fondant sur une décision du Conseil constitutionnel français à l'encontre d'une loi voulant interdire la négation des crimes contre l'humanité reconnus comme tels par la loi[281], affirme qu' « *il n'y a* a priori *pas de contradiction entre la reconnaissance officielle de certains événements comme le génocide, d'une part, et l'inconstitutionnalité des sanctions pénales pour des personnes mettant en cause le point de vue officiel, d'autre part* »[282].

---

[279] CEDH, *Lehideux et Isorni c. France*, *préc.*, §55.

[280] MARGUÉNAUD (J.-P.), « La Cour européenne des droits de l'Homme à l'épreuve du négationnisme », *préc.*, p. 26.

[281] Cons. const., 28 fév. 2012, n° 2012-647 DC.

[282] CEDH, 17 déc. 2013, Perinçek c. Suisse, *préc.*, §123.

84. De plus, cette affirmation permet encore une fois à la Cour de rappeler l'importance de la liberté de recherche historique, et donc partant de la liberté d'expression face à des faits qui concernent de moins en moins de victimes, directes du moins. Il est vrai que l'incrimination du négationnisme de l'Holocauste « *est utile pour ceux qui furent victimes du nazisme et qui se sentent désemparés face à la négation de leurs souffrances* »[283], mais force est de constater qu'aujourd'hui il ne reste que peu de victimes directes du nazisme. C'est d'ailleurs en partie pour cette raison que la Cour considère en 2015 que la condamnation de Perinçek viole l'article 10 de la Convention puisque selon elle « *le décalage dans le temps entre les propos du requérant et les événements tragiques évoqués par lui est beaucoup plus important – environ quatre-vingt-dix ans – et, à l'époque où il a tenu ces propos, il ne restait certainement que très peu de personnes ayant vécu ces événements* »[284].

85. Peut-on donc penser que dans vingt ou trente ans l'incrimination du négationnisme des crimes commis durant la Seconde Guerre mondiale ne serait plus justifiée en raison de ce recul du temps avec lequel un État doit appréhender son passé ? On peut le craindre car est-il légitime dans une société démocratique de restreindre la liberté d'expression face à des faits dont plus aucun témoin n'est encore vivant ? Si ce n'est pas encore le cas pour le génocide des juifs, doit-on considérer au regard de cet arrêt Lehideux et Isorni que le négationnisme tel qu'incriminé en France est une infraction à date de péremption ? La question de la protection de la mémoire des victimes directes ainsi que la protection des nouvelles générations se pose également à l'égard de l'Holocauste, quand on sait que ces

---

[283] DE LAMY (B.), *op. cit.*, p. 371, n° 572.

[284] CEDH, 15 oct. 2015, Perinçek c. Suisse, *préc.*, §250.

fondements ne justifient pas une telle protection à l'égard du génocide arménien. L'utilisation de ce facteur temporel fait donc craindre le pire pour le négationnisme concernant l'Holocauste puisque l'arrêt affirme que le grand décalage temporel entre les faits et leur contestation doit conduire à une moindre sévérité, voire même à une absence de sévérité en l'espèce. « *Il est incontestable que lorsqu'il reste «* certainement très peu de personnes ayant vécu les événements *»*[285] *des conséquences juridiques particulières doivent se manifester* »[286]. Mais en affirmant ce décalage comme la Cour le fait, on peut craindre, et c'est ce que note les juges dissidents, que d'ici vingt ou trente ans l'incrimination de la négation de l'Holocauste soit contestable de nouveau au nom de la liberté d'expression.

Il serait toutefois très difficile (politiquement principalement) de soutenir l'abrogation du délit en France sur ce fondement, et c'est sans doute pour cela que les débats juridiques se sont davantage tournés vers l'incitation à la haine que les propos renferment en eux, afin de dépasser cette « seule protection de la mémoire » et de transcender les générations. Cela appelle encore trois séries de réflexions. D'abord, on peut noter que fonder l'incrimination du négationnisme sur l'incitation à la haine que de tels propos engendrent peut faire courir le risque d'un doublon avec l'infraction de provocation à la haine prévue et réprimée à l'article 24 alinéa 8 de la loi du 29 juillet 1881[287]. Ensuite, il est intéressant de dresser un parallèle avec les crimes contre l'humanité qui eux sont imprescriptibles. Cela veut dire que même si plus aucune victime, directe comme indirecte, n'est encore vivante, des poursuites resteront toujours possibles et *in fine* des condamnations. Il est vrai que les crimes contre l'humanité

---

[285] CEDH, *préc.*, §250.
[286] MARGUÉNAUD (J.-P.), *préc.*, p. 32.
[287] V. *infra* n° 107.

n'ont pas les mêmes conséquences que leur négation. Toutefois, il peut sembler que cette négation entraine des conséquences éventuelles plus actuelles que des crimes contre l'humanité qui peuvent remonter à de très nombreuses années. Pourrait-on alors considérer que cette imprescriptibilité de principe des crimes contre l'humanité rende à jamais nécessaire l'interdiction de leur négation ? Rien n'est moins sûr, mais la question mérite d'être posée dès lors que des considérations temporelles semblent importantes pour la Cour européenne. Enfin, l'éventuelle justification du délit fondée sur la protection de la mémoire des victimes directes depuis longtemps disparues rejoint la proposition de Jean-Pierre Marguénaud d'établir un « *droit pénal international transgénérationnel* »[288] afin de continuer à se souvenir[289].

86. Toutefois, la Cour européenne des droits de l'Homme mêle plusieurs considérations, à la fois temporelle et géographique, ce qui rend sa position à l'égard du génocide arménien assez contestable, et ce qui n'est pas sans avoir certaines répercussions sur l'incrimination du négationnisme de l'Holocauste.

B. La dangereuse confusion des facteurs historique et géographique

87. Dans son arrêt Perinçek de 2015, la Cour européenne des droits de l'Homme vient allier des considérations historique et géographique afin d'en arriver à la conclusion qu'interdire de nier le génocide arménien en Suisse est une atteinte non-nécessaire dans une société démocratique.

---

[288] MARGUÉNAUD (J.-P.), « L'incrimination hasardeuse de la négation du génocide arménien », *RSC*, 2014, p. 179.

[289] Pour de plus amples développements, v. *infra* n° 198 s.

Pour ce faire, la Cour vient dresser un parallèle entre la négation du génocide arménien et celle du génocide des juifs. Elle commence par affirmer que « *criminaliser la négation de l'Holocauste ne se justifie pas tant parce qu'il constitue un fait historique clairement établi* »[290], ce qui peut paraitre étrange tant ce raisonnement est central depuis 1998 vis-à-vis de la négation du génocide des juifs. Mais en l'espèce, la Cour préfère se positionner « *au vu du contexte historique dans les États* » où le négationnisme fait l'objet d'une incrimination et dont la Cour a eu à connaitre, c'est-à-dire jusqu'à présent l'Allemagne, l'Autriche, la Belgique et la France. Pour elle, il existe alors à l'encontre de ces États « *une responsabilité morale particulière* » de « *se distancer des atrocités de masse commises par eux ou avec leur complicité, notamment en en prohibant la négation* ». Ainsi, c'est en raison d'un facteur historique que l'incrimination du négationnisme de l'Holocauste peut être autorisée. Il semble alors clair que « *la Cour européenne rattache la protection des libertés fondamentales au degré d'implication de tel ou tel État dans les événements historiques en cause* »[291], ce qui n'est pas sans défaut.

88. Mais la Cour européenne va même plus loin en alliant à ce facteur historique un facteur géographique. Elle estime alors qu'il n'existe aucun « *lien direct entre la Suisse et les événements survenus en 1915 et les années suivantes dans l'Empire ottoman* », et rajoute que « *le seul lien direct pourrait découler de la présence d'une communauté arménienne sur le sol suisse, mais il est ténu* », rendant alors cette polémique « *extérieure à la vie politique suisse* » [292]. On peut déjà remarquer qu'aujourd'hui avec les différents moyens de communication il est possible

---

[290] CEDH, *préc.*, §243.
[291] SAFI (F.), *préc.*
[292] CEDH, *préc.*, §244.

d'envisager que des propos ou des écrits publics ne soient plus vraiment locaux[293], et entrainent des conséquences au-delà du pays dans lequel se trouve leurs auteurs, ce que la Cour ne manque pas de remarquer sans pour autant en tirer aucune conséquence en l'espèce[294]. Mais surtout, appliquer un tel facteur de proximité dans la répression du négationnisme revient en réalité à remettre en question la dimension universelle des droits de l'Homme. Le caractère quelque peu problématique de ce facteur a d'ailleurs bien été identifié par une minorité de sept juges, dont le président de la Cour à l'époque (Dean Spielman), lorsqu'ils écrivent dans leur commune opinion dissidente que « *minimiser l'importance des propos du requérant en essayant de les cantonner géographiquement conduit à relativiser sérieusement la portée universelle et* erga omnes *des droits de l'homme, qui constitue la quintessence de leur acception contemporaine* »[295].

89. Il semble que la Cour « *mentionne le contexte géographique au sein de son analyse de la véritable question posée* »[296], à savoir les conséquences que les propos peuvent entrainer. C'est pourquoi la Cour en arrive à la conclusion qu'en raison de l'histoire du territoire européen, et plus spécifiquement des États précités, la négation du génocide des juifs sur leur sol « *traduit invariablement une idéologie antidémocratique et antisémite* »[297], ce qui n'est pas le cas à l'égard du génocide arménien en Suisse. Toutefois, il est contestable

---

[293] MARGUÉNAUD (J.-P.), « L'arrêt de Grande Chambre Perinçek c/ Suisse relatif à la liberté de contester le génocide des Arméniens : un tête-à-queue méthodologique », *préc.*

[294] CEDH, *préc.*, §246.

[295] CEDH, *préc.*, opinion dissidente commune aux juges Spielmann, Casadevall, Berro, de Gaetano, Sicilianos, Silvis et Kūris, §6.

[296] HOCHMANN (Th.), *préc.*

[297] CEDH, *préc.*, §243.

d'introduire des considérations géographique et historique sur ces questions, tant « *une expression peut avoir des conséquences néfastes pour de nombreuses raisons indépendantes de l'histoire du pays où elle est prononcée* »[298]. L'histoire et la géographie peuvent être des éléments à prendre en compte pour apprécier le caractère néfaste de certains propos, mais ne doivent pas devenir les éléments principaux dans l'appréciation de ces conséquences au risque de tomber dans des régimes trop différents selon les pays, ce qui va à l'encontre de l'idée d'une justice universelle à l'égard de ces crimes les plus graves.

90. Ce qui est sûr, c'est que la Cour européenne des droits de l'Homme a pu réutiliser récemment dans un arrêt dit Pastörs[299] son concept de « *responsabilité morale particulière* » à l'encontre des « *États qui ont connus les horreurs nazies* » afin « *de prendre leurs distances par rapport aux atrocités de masse perpétrées par les nazis* »[300]. Il s'agissait en l'espèce d'un homme politique allemand qui avait pu tenir au sein d'un Parlement régional des propos remettant en cause l'Holocauste. La Cour est alors venue confirmer sa condamnation pour contestation de crimes contre l'humanité, en notant que l'homme politique avait choisi ses mots, avait décidé sciemment de les prononcer et a eu recours à la dissimulation pour faire passer son message qui venait nier des « *faits historiques clairement établis* ». La Cour en a donc conclu que « *le requérant a utilisé sa liberté d'expression pour promouvoir des idées contraires au texte et à l'esprit de la Convention* »[301]. Un parallèle est alors possible avec l'arrêt

---

[298] HOCHMANN (Th.), *préc.*
[299] CEDH, 3 oct. 2019, *Pastörs c. Allemagne*, gr. ch., n° 55225/14.
[300] *Ibid.*, §48.
[301] *Ibid.*, §46.

Perinçek (2015) puisque dans ce dernier la Cour a pu estimer que la condamnation violait l'article 10 de la Convention notamment en ce que les propos du requérant étaient d'intérêt public[302]. Or dans l'arrêt Pastörs, la Cour, « *en refusant une telle qualification aux propos négationnistes, ajoute un niveau de subtilité à son raisonnement en distinguant les propos politiques liés à un débat parlementaire ou public en cours, des propos qui, bien que participant d'un discours politique, sont dépourvus de lien avec un intérêt public et ne sauraient dès lors être considérés comme participant au débat public* »[303].

91. Ainsi, et pour conclure cette section, si la Cour européenne des droits de l'Homme n'est pas fermée à l'incrimination du négationnisme, il est évident qu'en usant de sa catégorie des « *faits historiques clairement établis* », seul l'Holocauste est aujourd'hui protégé de tels propos. S'il était à craindre que la Cour en soit arrivée à distinguer entre la négation des faits et la négation de leur simple qualification juridique, l'arrêt Perinçek de grande chambre permet de recentrer le débat autour de la question essentielle, à savoir les conséquences néfastes que de tels propos doivent entrainer, et à clore définitivement le débat autour d'une éventuelle rupture d'égalité que constituerait la seule incrimination du négationnisme des crimes commis durant la Seconde Guerre mondiale. Mais ce recentrage se fait au détriment d'un raisonnement qui peut laisser à désirer en mêlant des considérations temporelle, historique et géographique, qui peuvent tout à la fois renforcer l'incrimination du négationnisme de l'Holocauste mais aussi l'affaiblir, voire même le remettre en cause dans

---

[302] CEDH, 15 oct. 2015, *Perinçek c. Suisse*, *préc.*, §241.

[303] COLLIN (Ch.), « Propos négationnistes en politique : un abus de droit à liberté d'expression », *Dalloz actualité*, 12 nov. 2019.

quelques années, tout en niant le caractère universel des droits de l'Homme. Cependant, cette jurisprudence européenne assez riche sur la question du négationnisme n'a pas été sans incidence sur l'infraction française, puisque certaines réflexions de la Cour européenne des droits de l'Homme se retrouvent, de manière explicite ou non, en jurisprudence interne lorsque la constitutionnalité de l'incrimination a été abordée.

Section 2. La constitutionnalité du délit : une justification attendue mais contestable

92. Le législateur peut adopter des lois qui viennent encadrer la liberté d'expression lorsque celle-ci entraine des conséquences néfastes, notamment à l'ordre public mais aussi aux droits des tiers. Il revient donc au Conseil constitutionnel, en cas de contestation de la loi, de vérifier que ces conditions soient remplies lorsqu'elle vient limiter la liberté d'expression. Concernant le négationnisme, le délit n'a pas fait l'objet d'une saisine *a priori* du Conseil lors de son adoption, laissant planer un doute sur son éventuelle inconstitutionnalité (**§1**). Ce doute fut finalement balayé en 2016 à la suite d'une QPC soulevée à l'encontre du délit permettant au Conseil constitutionnel de déclarer l'article 24 *bis* conforme à la Constitution, mais selon un raisonnement qui appelle certaines remarques (**§2**).

§1. Absence de saisine a priori *du Conseil constitutionnel et refus de transmission d'une QPC*

93. Sans doute par peur que le délit soit censuré dès son adoption, ce qui aurait envoyé un message très négatif[304] et aurait permis aux négationnistes de se targuer de cette « victoire », le texte d'incrimination n'a pas été soumis au Conseil constitutionnel en 1990. Si bon nombre d'arguments ont déjà été évoqués, qu'ils soient en faveur d'une abrogation du délit ou bien de son maintien en droit pénal, il en est peut-être un qui a été éludé jusqu'à maintenant et qui pourtant a pu être avancé en doctrine afin de venir justifier l'incrimination du négationnisme pour pallier ce manque de saisine du Conseil (**A**). Mais avec l'adoption en 2008 de la QPC, l'espoir a pu renaitre, et chacun attendait une saisine assez rapide du Conseil constitutionnel pour qu'il puisse enfin se prononcer sur l'article 24 *bis* de la loi de 1881. Cependant ces espoirs se sont vite envolés à cause de la Cour de cassation qui a refusé à plusieurs reprises de transmettre une QPC au Conseil, opérant alors un véritable pré-contrôle de constitutionnalité[305], avant finalement de céder sous l'effet d'un nouveau fondement jusque-là oublié par les requérants (**B**).

---

[304] DROIN (N.), « Le glas sonne-t-il pour la « loi Gayssot » ? (à propos de l'arrêt de la Cour de cassation du 6 octobre 2015 n° 15-84.335) », *RDLF*, 2015, chron. n° 26 : « *L'absence de saisine s'expliquait non par le consensus politique mais plutôt par la frilosité des parlementaires de l'opposition à déférer à l'organe de contrôle un texte s'inscrivant dans la lutte contre le racisme et l'antisémitisme* ».

[305] PERRIER (J.-B.) et RASCHEL (E.), « Le négationnisme face aux droits et libertés garantis par la Constitution », *D.*, 2016, p. 521.

A. Une justification particulière du délit en doctrine face à son inconstitutionnalité éventuelle

94. Puisque le Conseil constitutionnel n'a pas été saisi de l'article 24 *bis* en 1990, la question de sa constitutionnalité a longtemps perduré. Toutefois, un argument est souvent revenu en doctrine même si celui-ci se révélera par la suite oublié par le Conseil. Comme le soutient Bernard Beignier[306] « *la liberté d'expression a pour raison d'être le soutien au régime démocratique alors que le négationnisme relève d'une idéologie contraire à l'essence même de la démocratie* »[307]. Ainsi, si le Conseil avait été saisi en 1990 de l'article 24 *bis*, « *il aurait pu valider cette nouvelle infraction, en s'appuyant sur le principe de respect de la dignité de la personne humaine, découvert dans la décision du 27 juillet 1994*[308], *dégagé du préambule de la Constitution de 1946* »[309]. Peut-on alors soutenir que le respect de la dignité humaine serait un fondement justifiant le délit de négationnisme ? Avant de donner une réponse claire à cette question, il est déjà intéressant de voir que la Cour européenne des droits de l'Homme considère elle aussi que « *la tolérance et le*

---

[306] BEIGNIER (B.), « « De la langue perfide, délivre moi… », Réflexions sur la loi du 13 juillet 1990 dite « loi Gayssot » », *in Pouvoir et Liberté, Études offertes à Jacques Mourgeon*, Bruylant, 1998, p. 497.
[307] DE LAMY (B.), *op. cit.*, p. 373, n° 577.
[308] Cons. const., 27 juillet 1994, n° 94-343/344 DC, not. cons. 2 : « *Au lendemain de la victoire remportée par les peuples libres sur les régimes qui ont tenté d'asservir et de dégrader la personne humaine, le peuple français proclame à nouveau que tout être humain, sans distinction de race, de religion ni de croyance, possède des droits inaliénables et sacrés » ; qu'il en ressort que la sauvegarde de la dignité de la personne humaine contre toute forme d'asservissement et de dégradation est un principe à valeur constitutionnelle* ».
[309] DE LAMY (B.), *op. cit.*

respect de l'égale dignité de tous les êtres humains constituent le fondement d'une société démocratique et pluraliste »[310]. On retrouve donc cette idée de dignité comme possible fondement d'une limitation à la liberté d'expression au sein de la jurisprudence européenne.

95. Du côté de la doctrine, la question de la dignité humaine resurgit régulièrement et est souvent accolée à la liberté d'expression, et est mise en opposition face au négationnisme, comme par exemple dans le titre d'un article de Philippe Krikorian, « *Le droit à la dignité et la liberté d'expression face aux crimes contre l'humanité* »[311], ou encore dans le titre d'un article de Jacques Francillon, « *Liberté d'expression et atteinte à la dignité humaine. Pénalisation de la négation du génocide des arméniens* »[312]. Nathalie Droin soutenait d'ailleurs dans sa thèse qu' « *au-delà de la protection des droits des personnes directement visées par les propos, l'article 24* bis *de la loi Gayssot s'inscrit dans une fin plus générale de lutte contre le racisme et permet de prévenir les troubles à l'ordre public qui peuvent résulter du retour en force d'une idéologie méprisant la dignité humaine* »[313]. Jean-Pierre Marguénaud[314], en commentant l'arrêt Perinçek de grande chambre, affirme trouver très contestable la position de la Cour. Elle vient certes soulever « *que la loi suisse, en*

---

[310] CEDH, 6 juil. 2006, *Erbakan c. Turquie*, req. n° 59405/00, §56.

[311] KRIKORIAN (P.), « Le droit à la dignité et la liberté d'expression face aux crimes contre l'humanité », *D.*, 2006, p. 1980.

[312] FRANCILLON (J.), « Liberté d'expression et atteinte à la dignité humaine. Pénalisation de la négation du génocide des arméniens », *RSC*, 2014, p. 125.

[313] DROIN (N.), *Les limitations à la liberté d'expression dans la loi sur la presse du 29 juillet 1881. Disparition, permanence et résurgence du délit d'opinion*, Institut Universitaire Varenne, LGDJ, coll. « Collection des Thèses », n° 35, 2010, p. 247, n° 283.

[314] MARGUÉNAUD (J.-P.), « La pénalisation des discours apologétiques et négationnistes », *RSC*, 2015, p. 877.

punissant la négation d'un génocide, répond à un but légitime : celui de protéger l'identité et la dignité des victimes de ce crime et de leurs descendants » mais elle relève aussitôt que « *cela ne suffit pas à justifier la pénalisation de tels propos* »[315]. Les opinions dissidentes dénoncent elles-aussi cette position, ce qui peut donc sous-entendre que la dignité humaine pourrait être un fondement suffisant pour justifier l'incrimination du négationnisme selon eux. Pourtant, cette position de la Cour est étonnante car comme le note Olivier Décima, la jurisprudence européenne « *estime que les propos qui heurtent volontairement la dignité humaine interdisent à leur auteur de se prévaloir de la protection de la Convention européenne des droits de l'Homme, en application de l'article 17* »[316]. Ce même auteur, en évoquant la QPC finalement soulevée en 2015, se demande s'il est « *cohérent d'exiger la qualification antérieure du crime (...) pour en réprimer la contestation* », et selon-lui la réponse « *dépend largement de la valeur protégée par l'infraction : est-ce l'autorité de la chose jugée ou la dignité humaine ?* ». Enfin, concernant l'arrêt Pastörs, Christophe Bigot remarque que « *cette décision légitime donc, au regard du respect de la dignité des membres de la communauté juive ayant été persécutés, que la négation desdites persécutions soit l'objet d'une infraction susceptible de sanctions pénales* »[317].

96. Les juges français se sont d'ailleurs déjà situés « *sur le terrain de la dignité humaine pour pondérer la liberté*

---

[315] *Ibid.*

[316] DÉCIMA (O.), « QPC – Le révisionnisme et l'égalité devant la loi pénale », *JCP G*, 2016, p. 254.

[317] BIGOT (C.), « Liberté d'expression : jurisprudence de la Cour européenne des droits de l'homme (juillet 2019-juillet 2020) », *Légipresse*, 2020, p. 519.

d'expression »[318], comme par exemple pour condamner un journal pour avoir publié des photos du préfet Claude Erignac assassiné à Ajaccio alors qu'il gisait sur la chaussée[319], ou encore pour condamner l'organisateur de l'exposition *Infamille* qui comportait des messages en rapport avec des traitements violents à l'égard d'enfants[320]. Cependant, l'Assemblée plénière de la Cour de cassation a décidé d'opérer un revirement de jurisprudence assez important en 2019 en affirmant que « *la dignité de la personne humaine ne figure pas, en tant que telle, au nombre des buts légitimes énumérés à l'article 10, paragraphe 2, de la Convention (...). Si elle est de l'essence de la Convention (...), elle ne saurait être érigée en fondement autonome des restrictions à la liberté d'expression* »[321]. Cette position est alors tout à fait singulière, quand on voit que le principe de dignité humaine est particulièrement important aux yeux de la Cour de Strasbourg, mais aussi que ce principe a pu servir de fondement au Conseil d'État afin de confirmer les ordonnances interdisant les spectacles de Dieudonné[322].

97. Ainsi, si le principe de dignité humaine a pu être utilisé en jurisprudence afin de justifier certaines restrictions à la liberté d'expression, et a pu être avancé par la doctrine pour justifier l'incrimination du négationnisme, force est de constater que sur ce terrain-là le principe ne semble pas suffire pleinement, au point même d'être abandonné par la Cour de cassation. Cependant, même si

---

[318] HENNETTE-VAUCHEZ (S.) et ROMAN (D.), *Droits de l'Homme et libertés fondamentales*, Dalloz, coll. HyperCours, 4ème éd., 2020, p. 384, n° 522.

[319] Cass. civ. 1ère, 20 déc. 2000, n° 98-13.875.

[320] Cass. civ. 1ère, 26 sept. 2018, n° 17-16.089.

[321] Cass. ass. plén., 25 oct. 2019, n° 17-86.605, cons. 12 et 13.

[322] CE, 9 janv. 2014, *Ministre de l'Intérieur c. Sté Production La Plume*, n° 374508 ; CE, 10 janv. 2014, n° 374528 et n° 374552.

formellement la Haute juridiction a décidé d'écarter ce principe et que le Conseil constitutionnel ne s'est nullement penché sur la question, en réalité la dignité humaine reste une question sous-jacente dans tous les débats tournant autour du négationnisme, voire même une question quasi-structurelle, indéboulonnable de l'infraction au regard de ce qu'elle protège.
La Cour de cassation a en tout cas jugé pendant plusieurs années qu'une éventuelle atteinte à la liberté d'expression n'était pas une raison sérieuse nécessitant de transmettre une QPC au Conseil constitutionnel, retardant ainsi l'examen de l'article 24 *bis*. Il aura fallu un fondement quelque peu nouveau et étonnant pour que la chambre criminelle cède finalement.

B. Le refus de transmettre une QPC cédant sous la pression d'un fondement original

98. Si l'article 24 *bis* n'a pas fait l'objet d'une saisine *a priori* du Conseil constitutionnel, la création de la QPC pouvait laisser penser que l'absence de contrôle de constitutionnalité pour une infraction faisant autant débat serait vite comblée, mais bien au contraire. La Cour de cassation a en effet par trois fois refusé de transmettre une telle question, peut-être par inquiétude de la réponse que pouvait apporter le Conseil[323]. La Cour a donc refusé de

---

[323] C'est en tout cas ce que note Me Spinosi dans son intervention devant le Conseil constitutionnel au cours de l'audience sur la QPC en 2016. Internet, consulté le 21/04/2021 (voir 17min35) : https://www.dailymotion.com/video/x6f7b1s

transmettre une QPC le 7 mai 2010[324], le 5 décembre 2012[325] ainsi que le 6 mai 2014[326].

99. L'arrêt de la Cour de cassation du 7 mai 2010 a été très longuement commenté, tant sa décision a pu « *calmer les espoirs -ou les craintes, c'est selon* »[327]. Si la décision finale peut laisser à désirer, c'est surtout le raisonnement qui pêche à convaincre. En effet, le requérant avançait que l'article 24 *bis* portait atteinte au principe de légalité des délits et des peines ainsi qu'à la liberté d'expression. Pour refuser de transmettre la QPC, la chambre criminelle a estimé que « *la question posée ne présente pas un caractère sérieux dans la mesure où l'incrimination critiquée se réfère à des textes régulièrement introduits en droit interne définissant de façon claire et précise l'infraction de contestation* ». Ainsi, loin d'avancer une argumentation solide contre l'un ou l'autre des arguments soulevés par le requérant, la Cour de cassation « *confond ici les deux moyens soulevés* »[328], contestant donc « *le caractère*

---

[324] Cass. crim., 7 mai 2010, n° 09-80.774 ; DEUMIER (P.), « QPC : la question fondamentale du pouvoir d'interprétation (à propos du filtrage) », *RTD civ.*, 2010, p. 504 ; DE BELLESCIZE (D.), « Refus de transmission d'une QPC relative à la loi Gayssot », *Constitutions*, 2011, p. 396 ; DE LAMY (B.), « QPC : refus de transmission », *RSC*, 2011, p. 178 ; FRANCILLON (J.), « Questions prioritaires de constitutionnalité (QPC) en matière d'infractions de presse (délits d'apologie de crimes de guerre, de contestation de l'existence de crimes contre l'humanité, et de diffamation) », *RSC*, 2010, p. 640 ; LE POURHIET (A.-M.), « Politiquement correct mais juridiquement incorrect », *Constitutions*, 2010, p. 366.

[325] Cass. crim., 5 déc. 2012, n° 12-86.382.

[326] Cass. crim., 6 mai 2014, n° 14-90.010.

[327] PERRIER (J.-B.), « Crimes contre l'humanité (incrimination de la contestation) : renvoi d'une QPC », *D.*, 2015, p. 2076.

[328] DROIN (N.), « Le glas sonne-t-il pour la « loi Gayssot » ? (à propos de l'arrêt de la Cour de cassation du 6 octobre 2015 n° 15-84.335) », *préc.*

sérieux de la question sans rien dire de la liberté d'expression »[329].

100. L'arrêt de la Cour de cassation en date du 5 décembre 2012 vient de nouveau rejeter une QPC qui cette fois-ci soutenait que l'article 24 *bis* était contraire aux principes de séparation des pouvoirs et de détermination du domaine de la loi. Là encore le raisonnement de la chambre criminelle surprend, car elle rejette le caractère sérieux de la question « *dans la mesure où, d'une part, la qualification juridique de l'infraction contestée se réfère à des textes régulièrement introduits en droit interne, définissant, de façon claire et précise, l'infraction de contestation de l'existence d'un ou plusieurs crimes contre l'humanité (...), d'autre part, l'atteinte portée à la liberté d'expression par une telle incrimination apparaît nécessaire, adaptée et proportionnée à l'objet poursuivi par le législateur : la lutte contre le racisme et l'antisémitisme ainsi que la protection de l'ordre public* ». La Cour de cassation répond donc à une éventuelle atteinte à la séparation des pouvoirs et au domaine de la loi en se fondant sur le principe de légalité et sur la liberté d'expression, fondements qui étaient au soutien de la QPC soulevée en 2010…

101. La Cour de cassation va se prononcer une fois de plus en 2014 sur une troisième QPC en reprenant exactement la même formulation que celle utilisée en 2012, sûrement parce que les arguments soulevés étaient sensiblement les mêmes. Notons simplement que la Cour observe au surplus que l'article 24 *bis* est suffisamment clair et précis « *pour permettre une interprétation qui entre dans l'office du juge, sans risque d'arbitraire* ».

---

[329] HOCHMANN (Th.), « Négationnisme : le Conseil constitutionnel entre ange et démon », *RDLF*, 2016, chron. n° 03.

102. Les espoirs de voir le Conseil constitutionnel se prononcer sur le délit étaient donc réduits à très peu de chose, ce qui rend la décision de renvoi du 6 octobre 2015[330] assez inespérée. Mais alors est-ce qu'en acceptant de transmettre une QPC portant sur l'article 24 *bis* après trois refus, la Cour aurait opéré un revirement de jurisprudence ? « *La réponse semble devoir être négative, d'abord car la question renvoyée le 6 octobre 2015 est plus précise, mieux rédigée que les précédentes, ensuite et surtout car elle est la première à viser le principe d'égalité parmi les principes susceptibles d'être méconnus* »[331]. En effet, précision importante, la question formulée par le requérant[332] ne se cantonne plus seulement à invoquer la liberté d'expression. Il soutient effectivement qu'il y aurait une atteinte au principe d'égalité devant la loi, argument qui trouve grâce aux yeux de la Cour « *en ce que la disposition critiquée, qui incrimine la seule contestation des crimes contre l'humanité (...)* [commis durant la Seconde Guerre mondiale et par des auteurs bien identifiés] *est susceptible de créer une inégalité devant la loi et la justice* ». Ainsi, la Cour de cassation a pu renvoyer la QPC devant le Conseil « *consciente que le blocage sur celle-ci a causé plus de tort à la loi qu'elle n'en a tiré de bénéfice, et ce, sans pour autant revenir sur ce qu'elle avait déjà jugé* »[333]. On peut sans doute reprocher aux requérants passés de ne pas avoir pensé à ce fondement, mais la Cour de cassation n'est pas concernée par cette critique puisque si elle peut reformuler la question posée, elle ne peut soulever un nouveau moyen

---

[330] Cass. crim., 6 oct. 2015, n° 4632 (15-84.335).
[331] PERRIER (J.-B.), *préc.*
[332] Vincent Reynouard, militant négationniste affiché.
[333] DROIN (N.), *préc.*

d'inconstitutionnalité[334]. En tout cas, une QPC fut transmise au Conseil, mais à lire la question posée seul l'argument tenant à une éventuelle atteinte à l'égalité devant la loi était visé, et non la liberté d'expression au surplus.

103. Mais alors la décision du Conseil à venir était-elle prévisible ? En vérité rien n'était moins sûr, et les avis en doctrine ont pu diverger. Si pour certains l'argument nouveau créait une chance d'abrogation[335], d'autres au contraire soutenaient le peu de risque qu'il y avait à saisir le Conseil[336], certains auteurs préférant encore quant à eux rester mesurés face à l'avenir[337]. Une autre question était celle de savoir si le Conseil allait uniquement se contenter de répondre à la question posée par la chambre criminelle, qui ne visait que le principe d'égalité devant la loi, ou alors s'il allait agrandir le champ de son contrôle. En effet, « *pour laver de tout soupçon le délit susvisé, il ne doit pas se contenter de répondre sur le seul moyen tiré de l'atteinte supposée au principe d'égalité devant la loi et la justice. Il doit aussi répondre sur le fondement de l'atteinte à la liberté d'expression et d'opinion* »[338], même si pour certains il était clair que « *le Conseil, comme à son habitude, se gardera de soulever d'autres problèmes de conformité à la Constitution que celui qui lui est indiqué*

---

[334] PERRIER (J.-B.), *préc.* ; l'auteur déduit cette affirmation de la lecture des décisions portant sur le négationnisme, et cite un arrêt de la chambre sociale de la Cour de cassation où ce constat est déjà visible (Cass. soc., 14 déc. 2014, n° 10-40.050).

[335] DROIN (N.), *préc.* : « *La saisine pourrait donc être l'occasion d'abroger l'article tant critiqué* ».

[336] MARGUÉNAUD (J.-P.), *préc.* : « *Aucune atteinte ne nous semble être portée par l'article 24* bis *de la loi du 29 juillet 1881 au principe d'égalité devant la loi et la justice* ».

[337] PERRIER (J.-B.), *préc.* : « *La décision du Conseil constitutionnel pourrait soit surprendre, soit décevoir...* ».

[338] DROIN (N.), *préc.*

par la juridiction de renvoi »[339]. Cependant, force est de constater que ce ne fut point le cas, car le Conseil décida de se prononcer sur les deux fondements, sans pour autant emporter une totale conviction au regard de son raisonnement quelque peu étrange parfois.

§2. Une décision critiquable pour justifier à tout prix l'article 24 bis

104. Le Conseil constitutionnel a donc enfin pu se prononcer en 2016 sur l'article 24 *bis* de la loi du 29 juillet 1881 sur la liberté de la presse[340]. Si la solution finale pouvait être légitimement attendue, c'était peut-être le contenu de la décision qui pouvait entrainer les plus grosses interrogations[341], notamment quant aux fondements examinés, mais aussi sur l'angle sous lequel le Conseil constitutionnel allait se placer[342]. Le contrôle opéré fut ainsi bienvenu puisqu'il ne s'est pas contenté d'examiner le texte à la lumière du seul fondement soulevé par la Cour de cassation. Ainsi, et de manière prévisible sans doute[343], le Conseil n'identifie aucune atteinte à la liberté d'expression en se basant sur un raisonnement fort convaincant au demeurant (**A**). Il n'identifie également aucune atteinte au

---

[339] HOCHMANN (Th.), « Négationnisme du génocide arménien : défauts et qualités de l'arrêt Perinçek contre Suisse », *préc.*

[340] Cons. const., 8 janv. 2016, n° 2015-512 QPC.

[341] HOCHMANN (Th.), « Négationnisme : le Conseil constitutionnel entre ange et démon », *préc.*

[342] DROIN (N.), *préc.* : « *La question de sa conformité au principe d'égalité devant la loi est plus incertaine dans la mesure où tout va dépendre de l'angle sous lequel le Conseil constitutionnel se place : celui des crimes ou celui de la négation* ».

[343] PERRIER (J.-B.) et RASCHEL (E.), *préc.* : les auteurs notent qu'en raison du contexte européen avec notamment la décision Perinçek rendue en 2015, « *le Conseil n'était pas seulement libre de valider la loi Gayssot, il y était fortement incité* ».

principe d'égalité devant la loi, mais selon un raisonnement qui cette fois-ci est beaucoup plus contestable car entrainant des conséquences insoupçonnées sur le futur du délit (**B**).

A. Le Conseil face à la liberté d'expression : aucune interdiction d'incriminer le négationnisme

105. « *La décision rendue est sans surprise. Elle confirme en tous points ce qu'il était raisonnablement possible de prévoir* »[344]. En effet, à la lecture de la décision du Conseil constitutionnel sur le grief tiré de l'atteinte aux libertés d'expression et d'opinion, « *la conformité (...) ne surprend pas* »[345] puisque le Conseil suit son raisonnement habituel sur ces questions, affirme ce qui était raisonnablement possible de prédire, et s'inscrit dans les pas de la Cour européenne des droits de l'Homme.

106. Pour traiter de ce grief, le Conseil commence par rappeler qu'il est possible pour le législateur de venir restreindre la liberté d'expression dès lors que les propos en question portent atteinte à l'ordre public et aux droits des tiers. Cependant, puisque « *la liberté d'expression et de communication est d'autant plus précieuse que son exercice est une condition de la démocratie et l'une des garanties du respect des autres droits et libertés* », il est alors obligatoire que ces atteintes soient « *nécessaires, adaptées et proportionnées à l'objectif poursuivi* » [346]. Ainsi, avant même de se questionner sur ces caractères, le Conseil doit déterminer l'objet de la loi Gayssot. Sur ce point, il suffit

---

[344] FRANCILLON (J.), « La conformité à la constitution du délit de contestation de l'existence de crimes contre l'humanité (L. 29 juill. 1881, art. 24 bis) », *RSC*, 2016, p. 81.
[345] DÉCIMA (O.), *préc.*
[346] Cons. const., *préc.*, cons. 5.

de se rapporter à l'intitulé de la loi, puisque celle-ci se propose de lutter contre « *tout acte raciste, antisémite ou xénophobe* », objectif que doit donc poursuivre l'incrimination du négationnisme.

107. Dès lors, pour le Conseil, l'article 24 *bis* est nécessaire puisqu'il poursuit cet objectif en ce que « *les propos contestant l'existence de faits commis durant la seconde guerre mondiale (...) constituent en eux-mêmes une incitation au racisme et à l'antisémitisme* »[347]. En vérifiant le caractère nécessaire de l'incrimination, le Conseil en profite pour affirmer que les propos portent donc bien une « *atteinte à l'ordre public et aux droits des tiers* »[348]. De plus, il identifie lui aussi une présomption d'incitation à la haine émanant des propos négationnistes lorsque ceux-ci se rapportent à la Seconde Guerre mondiale.

Il semble important de s'arrêter un instant sur cette présomption, car en justifiant de la sorte le délit, le Conseil semble commettre pour certains « *une erreur de raisonnement puisque (...) l'incitation à la haine raciale constitue une incrimination distincte rendant de ce fait inutile l'existence d'une incrimination spéciale comme celle du négationnisme* »[349]. En effet, si les propos négationnistes incitent systématiquement à la haine, alors l'incrimination de provocation à la haine prévue à l'article 24 alinéa 8 de la loi de 1881 pourrait suffire amplement. Ainsi cette présomption, « *loin de conforter la spécificité de l'article 24* bis *(...), pourrait au contraire l'avoir fragilisée, au regard du principe de nécessité de la loi pénale* »[350].

---

[347] *Ibid.*, cons. 7.
[348] *Ibid.*
[349] SAFI (F.), *préc.*
[350] ANDRÉ (C.), *Droit pénal spécial*, Dalloz, coll. Cours, 5ème éd., 2019, p. 61, §51.

Toutefois, le délit a été créé pour pallier les insuffisances des infractions dites de la loi Pleven, et notamment pour se départir de la nécessaire identification d'une intention de provoquer à la haine[351]. Ainsi, puisque « *la négation ne saurait être purement assimilée à une incitation à la haine* »[352], et que l'article 24 *bis* a été créé car les délits de la loi de 1881 « *ne permettaient pas de sanctionner l'ensemble des propos révisionnistes* »[353], la négation ne saurait alors non plus être purement assimilée à une intention d'inciter à la haine. Il est donc possible d'entendre cette critique tenant à la proximité des deux infractions, mais elle ne permet pas non plus de remettre en cause l'incrimination du négationnisme car en vérité il n'y a superposition des deux infractions que dans les cas où une intention d'inciter à la haine est identifiable dans les propos négationnistes : si la présomption porte sur l'incitation, elle ne dit rien de l'intention. L'intérêt d'identifier une telle présomption est donc d'affirmer que le négationnisme tel qu'incriminé à l'article 24 *bis* est systématiquement un négationnisme qualifié, ce qui n'engendre que très peu de conséquences si ce n'est de justifier l'infraction en théorie, sans que se pose en pratique la question de l'intention, grande différence avec l'article 24 alinéa 8 de la loi de 1881. De plus, puisque les négationnistes ont su s'adapter, il est devenu de plus en plus difficile d'identifier cette intention dans leurs propos, ce qui permet de laisser une place au délit de négationnisme pour exister.

108. Quoi qu'il en soit, le Conseil continue son raisonnement et estime que l'article 24 *bis* est adapté car « *seule la négation, implicite ou explicite, ou la minoration*

---

[351] V. *supra* n° 35 s.

[352] PERRIER (J.-B.) et RASCHEL (E.), *préc.*

[353] Auto-commentaire de la décision Cons. const., 8 janv. 2016, n° 2015-512 QPC, p. 2.

outrancière de ces crimes est prohibée »[354], et non pas la négation d'autres crimes que ceux commis durant la Seconde Guerre mondiale. Cela rejoint le troisième critère, puisque selon le Conseil « *l'interdiction ne visant que la négation, implicite ou explicite, ou la minoration outrancière, les débats historiques restent possibles, démontrant ainsi la proportionnalité de l'atteinte contenue dans la disposition contestée* »[355]. Donc pour le Conseil constitutionnel, le caractère adapté semble davantage renvoyer à la délimitation temporelle des crimes visés, et le caractère proportionné aux propos qui sont interdits, protégeant alors la liberté de recherche historique.

109. Ainsi, « *le grief tiré de l'atteinte à cette liberté et à la liberté d'opinion doit être écarté* »[356] et l'on peut se réjouir que le Conseil ait suivi un raisonnement qui cette fois-ci colle avec le grief soulevé, au contraire de la Cour de cassation. Par ailleurs, ce raisonnement est d'autant plus louable qu'il permet d'éviter de tomber dans une « *concurrence des mémoires* »[357] tant il est vrai que l'audience permis de comprendre « *l'omniprésence de la question de la négation du génocide arménien* »[358]. En effet, loin d'opérer une quelconque comparaison dans son raisonnement, le Conseil s'attache bien aux conséquences que produisent les propos en question, et non les crimes, ce qui aurait pu laisser entre-ouvert la possibilité d'une telle concurrence : « *ce ne sont pas les situations des victimes*

---

[354] Cons. const., *préc.*, cons. 8, nous soulignons.
[355] ROUX-DEMARE (F.-X.), « Constitutionnalité du délit de « négationnisme » – Conseil constitutionnel 8 janvier 2016 », *AJ pénal*, 2016, p. 205.
[356] Cons. const., *préc.*
[357] WACHSMANN (P.), « Crimes contre l'humanité (contestation) : constitutionnalité du régime – Conseil constitutionnel 8 janvier 2016 », *D.*, 2016, p. 521.
[358] HOCHMANN (Th.), *préc.*

des crimes nazis qui sont directement distinguées, non plus que celles des auteurs de ces infractions, mais les agissements de ceux qui les nient. Il n'y a guère, en ce sens, de « concurrence mémorielle » à déplorer »[359]. Ce faisant, il s'agit bien d'étudier les conséquences néfastes que peuvent produire des propos négationnistes concernant la Seconde Guerre mondiale, sans jamais quantifier ces conséquences, ni même établir une hiérarchie des souffrances passées.

110. Toutefois, on peut s'interroger sur « *la nécessaire répression générale des contestations des crimes contre l'humanité, sans distinction des mobiles, par comparaison à la possible répression de l'apologie de tous ces crimes* »[360]. En effet, l'incrimination de l'apologie de crimes de guerre prévue à l'article 24 de la loi de 1881 ne fait pas de distinction suivant le mobile poursuivi par l'auteur des propos. Si le négationnisme est bien une « *apologie négative* »[361], alors la question se pose réellement à propos de cette différence de traitement. C'est d'ailleurs cette atteinte éventuelle à l'égalité qui a été soulevée dans la QPC et ce sans quoi la « *question n'aurait probablement pas été transmise* »[362].

B. Le Conseil face à l'égalité devant la loi : une décision contestable aux allures européennes

111. Concernant le grief tiré de l'atteinte au principe d'égalité devant la loi pénale, la décision du Conseil constitutionnel est beaucoup plus contestable. En effet, son

---

359 DÉCIMA (O.), *préc.*
360 ROUX-DEMARE (F.-X.), *préc.*
361 THIERRY (J.-B.), J-Cl. Lois pénales spéciales, Fasc. 60, *Presse et communication*, n° 54.
362 DÉCIMA (O.), *préc.*

raisonnement emprunte certaines idées discutables dégagées par la Cour européenne des droits de l'Homme, et en même temps déforme la lettre du texte qu'elle a à étudier, ce qui n'est pas sans avoir des conséquences sur le reste de la décision et le futur du délit. Le Conseil commence ainsi par rappeler classiquement[363] qu'au regard de l'article 6 de la Déclaration des droits de l'Homme et du Citoyen, « *le principe d'égalité devant la loi pénale ne fait pas obstacle à ce qu'une différenciation soit opérée par le législateur entre agissements de nature différente* »[364]. Cette « *égalité par différenciation* »[365] n'est pas surprenante puisque désormais la notion semble bien acquise dans la jurisprudence du Conseil constitutionnel[366]. Cela signifie donc que si le législateur ne peut traiter différemment des situations identiques, rien ne lui interdit de traiter différemment des situations différentes. Il faut donc savoir en quoi le négationnisme des crimes commis durant la Seconde Guerre mondiale se différencie des autres négationnismes afin de justifier l'absence d'incrimination de ces derniers.

112. Pour ce faire, le Conseil constitutionnel va notamment affirmer que les crimes faisant l'objet de l'incrimination se sont déroulés « *en partie sur le territoire national* »[367]. La référence à l'arrêt Perinçek de 2015 et à son critère de proximité est alors flagrante, puisque le Conseil tient de la commission des crimes nazis sur le sol français une particularité justifiant la différence de

---

[363] Cons. const., 19 déc. 1980, n° 80-125 DC ; 7 nov. 1989, n° 89-262 DC.

[364] Cons. const., 8 janv. 2016, *préc.*, cons. 9.

[365] V. not. RIVERO (J.), « Rapport sur les notions d'égalité et de discrimination en droit public français », *in Travaux association H. Capitant*, éd. Dalloz, 1965, p. 343 (cité par DÉCIMA (O.), *préc.*).

[366] V. not. Cons. const., 23 juill. 1975, n° 75-56 DC.

[367] Cons. const., 8 janv. 2016, *préc.*, cons. 10.

traitement instituée par le législateur en 1990. Ce critère est objectif, puisqu'il ne s'agit pas de différencier les conséquences des propos tenus lorsque ceux-ci se rapportent ou non à la Seconde Guerre mondiale - ce qui aurait dû être fait -, ni même de comparer les crimes entre eux - ce qui aurait été une erreur comme nous l'avons vu -, mais de noter la particularité des crimes nazis en France, ce qui n'est pas sans rappeler indirectement la « *responsabilité morale particulière* » identifiée par la Cour européenne des droits de l'Homme. Il est toutefois possible de critiquer ce critère de proximité comme il a été fait à l'encontre de l'arrêt Perinçek puisque son utilisation revient à porter une atteinte certaine à l'universalité des droits de l'Homme. En effet, « *le fait qu'un crime contre l'humanité soit commis en partie en France ou entièrement sur un territoire étranger est parfaitement indifférent à la dignité des victimes et à la punition de la contestation de sa réalité* »[368]. De plus, notons que là où le Conseil s'attarde très justement sur les propos niant les crimes visés et non sur les crimes eux-mêmes pour justifier une atteinte à la liberté d'expression, il semble comparer les crimes entre eux quand il utilise ce facteur géographique pour justifier une différence de traitement, ce qui renvoie à l'hypothèse précédemment évoquée d'une éventuelle « *concurrence des mémoires* ». Notons également que le Conseil passe totalement sous silence les critères historique et temporel dégagés par la Cour européenne des droits de l'Homme, sentant peut-être le risque que font courir ces critères pour le délit français.

113. De plus, le Conseil constitutionnel s'inscrit dans les pas de la Cour européenne des droits de l'Homme puisque lui aussi identifie une présomption d'incitation à la haine

---

[368] DE LAMY (B.), « La limitation du délit de révisionnisme aux crimes contre l'humanité commis durant la Seconde Guerre mondiale est-elle constitutionnelle ? », *RSC*, 2016, p. 406.

dans les propos négationnistes lorsque ceux-ci se rapportent à la Seconde Guerre mondiale[369]. En effet, le Conseil estime que « *la négation des crimes contre l'humanité commis durant la seconde guerre mondiale (...), a par elle-même une portée raciste et antisémite* »[370], alors que toute négation de tels crimes n'a pas forcément une signification haineuse. Si cette dernière affirmation ne peut qu'être partagée, on peut alors se demander si la négation du génocide des juifs a systématiquement une telle signification en pratique. Si cette question reste ouverte, elle semble totalement clause pour le Conseil constitutionnel qui fonde la différence de traitement opérée par le législateur sur cette présomption. Et au-delà de cette question, il est important de noter que le Conseil estime « *que cette différence de traitement est en rapport avec l'objet de la loi du 13 juillet 1990 (...) qui vise à réprimer des actes racistes, antisémites ou xénophobes* »[371]. C'est donc en raison de son objet que la loi Gayssot est déclarée conforme, ce qui « *peut étonner, tant la portée raciste peut sembler ne pas être l'objet principal de la répression par l'article 24* bis »[372]. Cette portée est cependant centrale pour le Conseil, mais on peut alors se demander légitimement s'il était « *cohérent de limiter l'incrimination, dès lors que le but poursuivi est de lutter contre l'incitation ou la banalisation du racisme* »[373], et non pas seulement l'antisémitisme en théorie. Il ne revenait sans doute pas au Conseil constitutionnel d'imposer une telle extension au législateur[374], d'autant que le texte d'incrimination opère une distinction mais selon des critères identifiés par le

---

369 V. *supra* n° 75.
370 Cons. const., *préc.*
371 *Ibid.*
372 PERRIER (J.-B.) et RASCHEL (E.), *préc.*
373 DROIN (N.), *préc.* ; v. aussi DÉCIMA (O.), *préc.*, qui partage cette opinion.
374 FRANCILLON (J.), *préc.*

Conseil comme non-arbitraires. Tel est également le cas d'un autre élément dégagé par le Conseil, mais dont l'évocation ne peut qu'être critiquable, puisqu'il se rapporte à un critère qui n'existe toujours pas : la condamnation juridictionnelle du crime nié.

114. Si un auteur a pu être « *mauvaise langue* »[375] sur l'étendue du contrôle qu'opérerait le Conseil constitutionnel en 2016, il faut toutefois remarquer qu'il avait pu anticiper le raisonnement du Conseil concernant l'égalité devant la loi, en ce qu'il avait soulevé l'hypothèse que pour justifier une absence de rupture d'égalité, « *le Conseil fera mine de percevoir dans le renvoi par l'article 24* bis *au statut du Tribunal militaire de Nuremberg une différence essentielle qui justifie un traitement différencié du négationnisme de la Shoah* »[376]. Et c'est tout à fait en ces termes que le Conseil a pu en partie justifier ce traitement différencié, puisque « *la négation de faits qualifiés de crime contre l'humanité par une décision d'une juridiction française ou internationale reconnue par la France se différencie de la négation de faits qualifiés de crime contre l'humanité par une juridiction autre ou par la loi* »[377]. Le Conseil considère donc que les crimes commis durant la Seconde Guerre mondiale ont ceci de particulier qu'ils ont été qualifiés de crimes contre l'humanité par une juridiction française ou internationale reconnue par la France, à savoir le Tribunal de Nuremberg. Toutefois, nous avons pu à de nombreuses reprises jusqu'à maintenant indiquer qu'un tel critère n'existait pas dans le texte. Seuls les auteurs des crimes sont concernés par cette précision. Ainsi, le Conseil

---

[375] Expression utilisée par Thomas Hochmann pour se désigner lui-même, v. HOCHMANN (Th.), *préc.*, note 8.

[376] HOCHMANN (Th.), « Négationnisme du génocide arménien : défauts et qualités de l'arrêt Perinçek contre Suisse », *préc.*

[377] Cons. const., *préc.*

n'aurait dû tirer aucune spécificité de ce critère qui n'existe pas.

115. Force est de constater pourtant que l'évocation de ce critère n'a pas choqué nombre d'auteurs, bien au contraire, puisque loin de recentrer le débat, certains se sont engouffrés dans la brèche ouverte par le Conseil et ont vu dans ce critère une réelle spécificité légitimant la différence de traitement opérée par l'article 24 *bis*. Ainsi, Jacques Francillon écrit que le délit « *vise à contrôler un discours consistant, si l'on s'attache particulièrement à sa lettre, à remettre en cause l'autorité de la chose jugée par une juridiction française ou internationale* », et lorsqu'il évoque le raisonnement du Conseil à propos de ce critère, il l'identifie comme une condition à laquelle « *l'incrimination contestée se trouve subordonnée* »[378], ce qui n'est nullement le cas. Olivier Décima indique quant à lui très clairement qu' « *il est exact, de prime abord, que la reconnaissance juridique internationale des crimes contestés est remarquable, ce qui rend leur contestation d'autant plus choquante* »[379], rejoignant ainsi l'idée avancée par Philippe Conte que le négationnisme « *revient donc toujours à contester un juge, et pas seulement le crime : la valeur protégée par l'incrimination est aussi l'autorité de la justice* »[380]. Il se félicite même que le Conseil relève « *que le texte traite d'un crime qui, identique aux autres au regard en tout cas d'une qualification juridique commune, n'en est pas moins d'une « nature différente », du fait de sa condamnation par des juges internationaux ou par des juges français* » car « *fonder l'incrimination du négationnisme sur la seule lutte contre le racisme et l'antisémitisme empêcherait d'établir, sauf par*

---

[378] FRANCILLON (J.), *préc.*
[379] DÉCIMA (O.), *préc.*
[380] CONTE (Ph.), « L'Histoire et les juges », *Dr. pén.*, 2016, repère 3.

pétition de principe, que les abominations nazies se différencient d'autres crimes contre l'humanité »[381].

116. Au-delà de l'absence de ce critère dans le texte qui a déjà longuement été évoquée, il est important de bien comprendre que la justification d'une différence de traitement concernant le négationnisme ne doit pas porter sur les crimes niés, mais sur les propos niant ces crimes. Or, cette position de Philippe Conte tend à soutenir l'inverse, ce qui est dès lors une erreur de raisonnement puisque « *la seule question qui intéresse véritablement la Cour porte donc sur l'interprétation des déclarations litigieuses et l'estimation de leurs conséquences préjudiciables* »[382] car comme le dit très justement l'auto-commentaire de la décision, « *pour apprécier l'éventuelle existence d'une différence de situation, il convenait de comparer non pas les crimes contre l'humanité eux-mêmes mais les discours de négation de ces crimes* »[383]. Mais la faute est surtout imputable au Conseil constitutionnel qui, en considérant l'existence d'une condamnation comme un élément permettant de conclure que le négationnisme des crimes commis durant la Seconde Guerre mondiale est un discours de haine se différenciant d'autres propos négationnistes, vicie le débat. En effet, « *l'absence d'une qualification par une juridiction internationale ne joue aucun rôle dans l'appréciation du caractère haineux et préjudiciable de la négation* »[384].

---

[381] *Ibid.*
[382] HOCHMANN (Th.), *préc.*
[383] Auto-commentaire, *préc*, p. 23.
[384] HOCHMANN (Th.), « La réécriture de l'article 24 bis : généalogie d'une étrangeté », *in* DROIN (N.) et JEAN-BAPTISTE (W.) (dir.), *La réécriture de la loi du 29 juillet 1881 : une nécessité ?*, LGDJ, 2017, p. 112.

117. Le Conseil constitutionnel mêle donc à la fois des considérations convaincantes en appréciant le caractère préjudiciable des propos, pouvant alors fonder une différence de traitement, mais aussi des considérations étrangères au débat, ou du moins qui ne peuvent qu'éclairer le « *contexte social* »[385] qui est seul à-même de fonder une telle différence. Ce qui est donc regrettable dans cette décision tient alors à deux choses : la référence à la condamnation juridictionnelle des crimes niés, critère inopérant et absent du texte pour caractériser l'infraction ; et la référence au critère géographique en s'inspirant de la décision Perinçek de la Cour européenne des droits de l'Homme[386].

118. Ainsi, et pour conclure cette section, l'absence de saisine du Conseil constitutionnel a pu laisser planer un long doute sur la constitutionnalité de l'article 24 *bis*. En bloquant à plusieurs reprises la transmission d'une QPC au

---

[385] HOCHMANN (Th.), « Négationnisme : le Conseil constitutionnel entre ange et démon », *préc.*

[386] Peut-on y voir une forme de soumission de la part des juges constitutionnels à l'égard de la jurisprudence européenne ? V. not. SAFI (F.), « À la recherche d'un fondement à l'incrimination du négationnisme », *préc.* Cette idée a déjà pu être soutenue par Anne-Marie Le Pourhiet à l'encontre des juges de la Cour de cassation en 2010 lorsqu'ils se sont fondés sur des considérations émanant directement de la Cour européenne des droits de l'Homme pour rejeter la première QPC soulevée à propos du délit de négationnisme, v. LE POURHIET (A.-M.), « Politiquement correct mais juridiquement incorrect », *préc.* L'on préférera plutôt l'expression de « dialogue des juges » utilisée pour qualifier l'influence de la jurisprudence européenne sur la décision du Conseil constitutionnel en 2016 « *lorsqu'il fut question d'assimiler la contestation de l'Holocauste à des propos incitant à la haine* », v. « Dix ans de QPC en droit pénal de l'expression et de la communication », Titre VII [en ligne], Hors-série, QPC 2020 : les dix ans de la question citoyenne, octobre 2020 : https://www.conseil-constitutionnel.fr/publications/titre-vii/dix-ans-de-qpc-en-droit-penal-de-l-expression-et-de-la-communication

Conseil, la Cour de cassation s'est essayée à un véritable « pré-contrôle de constitutionnalité », mais qui ne convainquis guère tant on pouvait avoir l'impression que la Cour répondait à côté. La doctrine a de son côté tenté de justifier l'incrimination du négationnisme au regard de la dignité humaine, sans pour autant que l'argument ne reçoive un quelconque écho en jurisprudence, qu'elle soit européenne ou constitutionnelle française, même s'il est évident que ce principe est insécable d'une manière ou d'une autre des justifications du délit. En effet, tant la Cour européenne des droits de l'Homme que le Conseil constitutionnel justifient l'incrimination de la négation des crimes commis durant la Seconde Guerre mondiale au regard des conséquences particulièrement néfastes que produisent ces propos qui renferment en eux-mêmes une incitation au racisme et à l'antisémitisme. Le délit protège donc inexorablement la dignité humaine des personnes alors visées. Cependant, cette justification du délit est parsemée de considérations malheureuses puisque si certaines d'entre elles ne font que remettre en cause le raisonnement suivi par le Conseil, d'autres en revanche peuvent questionner sur la pérennité de l'infraction.

119. Ainsi, et au regard de ce chapitre, les justifications apportées par la Cour européenne des droits de l'Homme et le Conseil constitutionnel à propos du délit de négationnisme sont tantôt convaincantes, tantôt très contestables. S'il est heureux que les deux cours se fondent sur les conséquences que les propos négationnistes provoquent pour justifier l'atteinte portée par leur incrimination à la liberté d'expression, les autres critères avancés sont bien souvent fâcheux. Les considérations temporelle, historique et géographique sont ainsi fortement critiquables, tant elles donnent au débat un visage qu'il ne devrait pas avoir. En effet, il ne s'agit pas de s'attarder sur les crimes niés et de savoir s'ils sont spécifiques ou non au regard de l'État dont il est question, mais de s'attarder sur les propos niant ces crimes, on ne le répétera jamais assez.

120. Mais ce qui est le plus contestable, et pour conclure cette première partie, reste sans doute la référence au critère tenant à une condamnation juridictionnelle des crimes niés. En effet, au-delà des différentes critiques ayant été adressées à l'encontre du délit au fil des années, qui pour la plupart sont dénuées de tout fondement, ainsi que de la question de l'intention qui n'est pas précisée dans le texte permettant à la jurisprudence de croire qu'il fallait exiger une mauvaise foi pour caractériser le délit, élément problématique qui est sans doute voué à disparaitre, c'est la question du champ d'application de l'infraction qui a pu poser le plus de problèmes de manière surprenante. Si les propos incriminés font l'objet d'une définition assez vague permettant à la jurisprudence d'interpréter largement le texte d'incrimination afin d'appréhender le plus de propos négationnistes, tel n'est pas le cas de l'objet de cette négation qui est défini précisément et restrictivement. Cependant, cette définition a pu faire l'objet d'une incompréhension chez bon nombre d'auteurs, y voyant alors un critère qui n'existe pas, malgré la grande précision du texte. En effet, le critère tenant à une condamnation juridictionnelle ne concerne pas les crimes niés, comme a pu le soutenir une partie de la doctrine, mais les auteurs de ces crimes. Si cette incompréhension peut paraitre sans conséquence sur le délit, la vérité est toute autre puisque ce critère se retrouve à la fois dans la jurisprudence de la Cour européenne des droits de l'Homme et dans celle du Conseil constitutionnel. Ainsi, à force de trop souvent mêler ce critère à des considérations tout à fait convaincantes afin de justifier l'incrimination du négationnisme portant sur la Seconde Guerre mondiale, ces deux cours ont peut-être bel et bien fait croire que cet élément était central dans cette répression, préfigurant alors l'extension de l'article 24 *bis* intervenue en 2017.

Partie 2 : L'extension de l'incrimination du négationnisme : un long trajet à l'arrivée imparfaite

121. Depuis la création du délit de négationnisme en 1990, la question de son extension n'a eu de cesse de revenir sur le devant de la scène politique. Cette volonté, soutenue par de nombreuses communautés et associations luttant pour la préservation de la mémoire d'une souffrance passée, a en effet connu de nombreux rebondissements. Le plus emblématique d'entre eux reste sans doute l'extension ratée de 2012 qui visait à étendre le délit de négationnisme au génocide arménien, mais selon une formulation qui n'a pas plu au Conseil constitutionnel. Ce « coup d'arrêt aux lois mémorielles » a sans doute été le point de départ d'une incompréhension entre le Conseil constitutionnel et le législateur, aboutissant à l'adoption de la loi du 27 janvier 2017[387] dont l'article 173 venait prévoir une double extension du délit, dont l'une d'entre elle fut censurée par le Conseil (**Chapitre 1**). Face à cela, l'avenir du délit de négationnisme est aujourd'hui incertain à cause de cette extension qui a sans doute rebattu les cartes de la justification de l'incrimination. Si des critiques inédites sont réalisables à l'encontre du nouveau délit, c'est surtout parce que la *ratio legis* de l'ensemble de l'infraction semble avoir changé, ce qui n'est pas sans conséquence sur sa conformité à la Constitution. Fort de ce constat, la question d'éventuels palliatifs se pose avec acuité afin d'adapter au

---

[387] Loi n° 2017-86 du 27 janvier 2017 *relative à l'égalité et à la citoyenneté*, JORF n° 0024 du 28 janvier 2017.

mieux les réponses à apporter face à ceux qui usent et abusent de la liberté d'expression (**Chapitre 2**).

Chapitre 1 : La lutte pour l'élargissement de l'article 24 *bis* parasitée par un critère peu opportun

122. La pénalisation de la négation des crimes commis durant la Seconde Guerre mondiale, dont le génocide des juifs, a suscité bon nombre de débats, que ce soit en faveur de son abrogation mais aussi parfois de son extension à d'autres crimes contre l'humanité. Si le délit était en passe d'être étendu à la négation du génocide des Arméniens en 2012, le Conseil constitutionnel a quelque peu donné un « coup d'arrêt aux lois mémorielles » en censurant cette extension. Cela n'a toutefois pas empêché le législateur de tenter à nouveau d'étendre le délit en 2017 aux propos niant tout crime contre l'humanité, mais à « *la condition qu'un critère supplémentaire et alternatif soit satisfait* »[388], extension partiellement censurée par le Conseil constitutionnel (**Section 1**). Il reste que le délit a été étendu à tous les crimes contre l'humanité dès lors que ceux-ci ont fait l'objet d'une décision de justice, critère aux origines jurisprudentielles floues dont les justifications semblent limitées (**Section 2**).

Section 1. Une volonté d'extension de l'incrimination du négationnisme pour partie entravée

123. L'extension souhaitée par le législateur en 2012 répondait sans hésitation à une demande forte de la part des Arméniens, mais posait la question d'une éventuelle

---

388 HOCHMANN (Th.), « La réécriture de l'article 24 bis : généalogie d'une étrangeté », *in* DROIN (N.) et JEAN-BAPTISTE (W.) (dir.), *La réécriture de la loi du 29 juillet 1881 : une nécessité ?*, LGDJ, 2017, p. 105.

« concurrence des mémoires » avant que le Conseil constitutionnel n'intervienne finalement en censurant cette extension (**§1**). Cette décision à l'esprit, le législateur est de nouveau intervenu en 2017 pour étendre le délit de négationnisme bien qu'une partie de cette extension n'ait elle aussi été censurée par le Conseil, mais selon un examen isolé et déformant (**§2**).

§1. L'échec de l'extension au génocide arménien en 2012

124. Le génocide des Arméniens est sans doute le plus concerné par cette demande d'extension du délit de négationnisme (**A**), demande qui était sur le point de se concrétiser en 2012 avec l'adoption d'une proposition de loi visant à réprimer la contestation de l'existence des génocides reconnus par la loi avant que le Conseil constitutionnel ne la censure (**B**).

A. Le législateur face à la lutte pour la reconnaissance des mémoires

125. La question de l'extension du délit de négationnisme à d'autres génocides est en vérité apparue dès l'adoption de la loi Gayssot, et n'a eu de cesse de se poser au fil des années. Mais elle s'est surtout posée avec une certaine vigueur à l'égard du génocide des Arméniens, tant la communauté arménienne en France est estimée comme « *la plus importante d'Europe occidentale* »[389]. En réalité, dès la fin de la Seconde Guerre mondiale et l'adoption le 9 décembre 1948 de la Convention sur la prévention et la répression du crime de génocide[390], la reconnaissance publique du génocide commis à l'encontre des Arméniens par le gouvernement Jeune Turc sous l'Empire Ottoman en 1915 et 1916 est devenue une revendication perpétuelle de la communauté arménienne. Cette demande est d'autant plus forte que cette reconnaissance est totalement bloquée au sein même de l'État turc qui soutient une Histoire officielle au sein de laquelle la qualification de génocide est niée, tout en minimisant les événements survenus durant cette période. Cette longue lutte de qualification pénale est d'autant plus frappante qu'il est fort probable que Raphael Lemkin avait en tête ce qu'avaient subis les Arméniens lorsqu'il créa le terme de « génocide » en 1943[391].

126. C'est alors à la suite d'une longue procédure parlementaire, débutée en 1998, que la France a adopté la

---

[389] BESSE (Th.), *La pénalisation de l'expression publique*, LGDJ, Institut Francophone pour la Justice et la Démocratie, 2019, p. 153, n° 176, et spécialement la note de bas de page n° 760 : « *Les estimations du Comité de défense de la communauté arménienne (CDCA) et du Centre de recherche sur la diaspora arménienne s'élevaient, en 2011, à 600 000 français d'origine arménienne, dont 400 000 nés dans l'Hexagone (Le Point.fr,* Les Arméniens en France*, 22 décembre 2011)* ».

[390] Convention pour la prévention et la répression du crime de génocide, New-York, 9 déc. 1948, Nation-Unies, Recueil des Traités, vol. 78, n° 1021, p. 277 ; signée par la France le 11 déc. 1948, ratifiée le 14 oct. 1950.

[391] MARGUÉNAUD (J.-P.), « La Cour européenne des droits de l'Homme à l'épreuve du négationnisme », *in* HOCHMANN (Th.) et KASPARIAN (P.) (dir.), *L'extension du délit de négationnisme*, LGDJ, Institut Universitaire Varenne, coll. « Transition & Justice », 2019, p. 36.

loi du 29 janvier 2001 dont l'unique article dispose que « *la France reconnaît publiquement le génocide arménien de 1915* »[392]. Cependant, cette loi n'a aucune portée normative, elle n'a qu'un caractère déclaratif, ce qui a permis à bon nombre d'auteurs de la ranger au sein des lois dites « mémorielles ». En d'autres termes, cela signifie que la négation du génocide des Arméniens n'était en aucun cas interdite, d'autant que l'article 24 *bis* ne concernait jusqu'en 2017 que les crimes commis durant la Seconde Guerre mondiale, ce qui fut rappelé par la 17ème chambre correctionnelle du Tribunal de grande instance de Paris dans l'affaire Bernard Lewis[393]. Cette impossibilité de condamner la négation du génocide des Arméniens a entrainé de nombreuses propositions de loi afin d'étendre le délit de négationnisme[394], soutenues par une partie de la doctrine qui a pu remarquer qu' « *à un moment où le Parlement français vient de prendre des initiatives concernant la reconnaissance du génocide des Arméniens (...) il serait vraiment paradoxal de passer par-dessus bord une législation qui n'a rien de scélérate et qui contribue à*

---

[392] Loi n° 2001-70 du 29 janvier 2001 *relative à la reconnaissance du génocide arménien de 1915*, JORF n° 0025 du 30 janvier 2001.

[393] Trib. corr. de Paris, 18 novembre 1994, non publié ; cité par ROUMELIAN (O.), « Un délit d'opinion au service des droits de l'homme ? », *LPA*, 1996, n° 21, p. 10.

[394] *JOAN*, Proposition de loi n° 1872 de M. DEVEDJIAN (P.) (...) contre la contestation de l'ensemble des crimes contre l'humanité quel que soit le moment ou lieu où ils ont été commis, déposée le 22 décembre 1994 ; n° 2039 de M. ROCHEBLOINE (F.) tendant à interdire la contestation de tous les génocides et crimes contre l'humanité, déposée le 16 mai 1995 ; n° 3485 de M. DEVEDJIAN (P.) (...) de façon à interdire la contestation de la réalité de tous les génocides et crimes contre l'humanité, déposée le 27 mars 1997 ; n° 1643 de M. MIGAUD (D.) sanctionnant la négation du génocide arménien, déposée le 8 juin 2004 ; n° 3030 de M. MIGAUD (D.) complétant la loi n° 2001-70 du 29 janvier 2001 relative à la reconnaissance du génocide arménien, déposée le 12 avril 2006.

un travail de mémoire », justifiant alors « *de ne plus tolérer les falsifications honteuses et de mettre en place, y compris encore une fois sur le plan pénal, des mécanismes véritablement adaptés à cet objectif légitime, tous génocides confondus, et quelles qu'en soient les victimes* »[395].

127. Comme rappelé à de nombreuses reprises déjà, la question de l'extension du délit de négationnisme revient à se demander « *si la contestation d'un certain crime est susceptible de provoquer les conséquences qui justifient une limitation de la liberté d'expression* »[396], et en aucun cas à établir une quelconque « *hiérarchisation de l'horreur qui* [aurait] *créé le risque, délétère, de communautés revendiquant leurs morts pour asseoir leur légitimité, dans un combat indigne de la mémoire due aux victimes* »[397]. En effet, raisonner sur les crimes et non sur les propos niant ces crimes pourrait conduire à « *ce que l'on nomme parfois une concurrence des mémoires* »[398], aboutissant à une « *hiérarchisation malsaine des crimes contre l'humanité, en fonction de la réponse pénale apportée à leur contestation* »[399]. Il est vrai qu'en incriminant uniquement la négation des crimes commis durant la Seconde Guerre mondiale, le législateur a pu laisser croire qu'il accordait une « *protection spécifique aux victimes d'un crime*

---

[395] FRANCILLON (J.), « Infractions de presse : délit de contestation de crimes contre l'humanité », *RSC*, 1998, p. 576.
[396] HOCHMANN (Th.), « La question mémorielle de constitutionnalité (à propos de la décision du 28 février 2012 du Conseil constitutionnel) », *Droit & Philosophie*, vol. 4, 2012.
[397] CONTE (Ph.), « L'Histoire et les juges », *Dr. pén.*, 2016, repère 3.
[398] WACHSMANN (P.), « Crimes contre l'humanité (contestation) : constitutionnalité du régime – Conseil constitutionnel 8 janvier 2016 », *D.*, 2016, p. 521.
[399] Propos tenus par la Sénatrice Joissains, v. *JOS* n° 7, séance du 23 janvier 2012, p. 357.

historique »[400], à savoir les juifs, tant la négation de l'Holocauste est celle qui se rencontre le plus en pratique[401]. Si tel était le cas, cela pourrait aboutir « *à une société communautarisée ou certaines catégories de personnes seraient seules protégées, avec tout ce que cela implique en termes d'inégalités et d'injustices pour les catégories oubliées ou délaissées* »[402]. Mais fort heureusement il n'en est rien, car l'incrimination ne vient pas protéger la mémoire des victimes des crimes nazis, mais vient lutter entre autres contre l'antisémitisme qui transparait systématiquement dans les propos niant ces crimes. La question à se poser est alors de savoir si les propos niant, par exemple, le génocide des Arméniens, entrainent des conséquences néfastes ? Il existe sans doute un lien réunissant « *les trois grands génocides du XXe siècle : celui envers l'Arménie, celui de la Shoah et celui du Rwanda* »[403], entrainant alors la demande de certains à ce que le délit de négationnisme soit étendu à ces crimes contre l'humanité[404].

---

[400] BESSE (Th.), *op. cit.*, p. 158, n° 183.

[401] V. *supra* n° 24.

[402] MORANGE (J.), « La problématique de l'insertion des infractions de presse dans le droit commun civil ou pénal : faut-il dépénaliser ou surpénaliser ? », *in* DROIN (N.) et JEAN-BAPTISTE (W.) (dir.), *La réécriture de la loi sur la presse du 29 juillet 1881 : une nécessité ?*, LGDJ, 2017, p. 35. L'auteur cite ensuite l'exemple des Harkis, oubliés de toutes les lois visant à lutter contre les propos haineux, et qui s'applique aussi bien dans le cas précis du négationnisme, v. not. LASSALLE (M.), « Presse - La protection pénale des harkis », *Dr. pén.*, 2020, n°4, étude 13.

[403] BEIGNIER (B.), « Le bon grain et l'ivraie : le négationnisme, contrefaçon de l'histoire », *JCP G*, n° 46, 2017, p. 1192.

[404] BEIGNIER (B.), « « De la langue perfide, délivre moi… », Réflexions sur la loi du 13 juillet 1990 dite « loi Gayssot » », *in Pouvoir et Liberté, Études offertes à Jacques Mourgeon*, Bruylant, 1998, pp. 497 s.

128. Concernant le génocide des Arméniens, c'est finalement en 2011 que sa négation fût en passe de devenir sanctionnable[405] puisque le législateur, en créant un article 24 *ter* à la loi du 29 juillet 1881 sur la liberté de la presse, venait sanctionner « *ceux qui ont contesté ou minimisé de façon outrancière, par un des moyens énoncés à l'article 23 l'existence d'un ou plusieurs crimes de génocide défini à l'article 211-1 du code pénal et reconnus comme tels par la loi française* ». Derrière le caractère quelque peu général de cet article, n'était en réalité visé que le génocide des Arméniens puisqu'étant le seul génocide reconnu comme tel par une loi en France. Ainsi, et « *par ricochet* »[406], la loi de 2001 était finalement revêtue d'une portée normative puisqu'accompagnée d'une sanction.
Mais preuve en est que la question du négationnisme « *transcende les clivages politiques traditionnels* »[407], cette loi, à peine adoptée, fut soumise au Conseil constitutionnel sous la saisine de 65 députés et 77 sénateurs issus de tous les partis politiques.

B. Une volonté d'élargissement désavouée : analyse de la décision de 2012

129. Le Conseil constitutionnel, saisi *a priori* du texte visant à incriminer la négation du génocide arménien, est venu censurer cette extension par une décision hautement critiquable en date du 28 février 2012[408]. Peut-être qu'avant même de se pencher sur le raisonnement du Conseil, il est intéressant d'évoquer les arguments soulevés par les

---

[405] Proposition de loi de Mme. BOYER (V.) visant à réprimer la contestation de l'existence des génocides reconnus par la loi, n° 3842, enregistrée le 18 octobre 2011 à l'Assemblée Nationale.
[406] BESSE (Th.), *op. cit.*, p. 155, n° 178.
[407] *Ibid.*, n° 179.
[408] Cons. const., 28 fév. 2012, n° 2012-647 DC.

députés et les sénateurs à l'encontre de la loi, qui n'ont pas été repris à l'exception d'un par les Sages, ce qui rend cette décision « *particulièrement remarquable par ce qu'elle n'aborde pas* »[409]. En effet, « *selon les auteurs des saisines, la loi déférée méconnaît la liberté d'expression et de communication (...), ainsi que le principe de légalité des délits et des peines (...) ; qu'en réprimant seulement, d'une part, les génocides reconnus par la loi française et, d'autre part, les génocides à l'exclusion des autres crimes contre l'humanité, ces dispositions méconnaîtraient également le principe d'égalité ; que les députés requérants font en outre valoir que le législateur a méconnu sa propre compétence et le principe de la séparation des pouvoirs (...) ; que seraient également méconnus le principe de nécessité des peines (...), la liberté de la recherche ainsi que le principe résultant de l'article 4 de la Constitution selon lequel les partis exercent leur activité librement* »[410].

Cependant, face à tous ces arguments, le Conseil constitutionnel a déclaré la loi « *contraire à la liberté d'expression, sans prendre position au regard d'autres principes constitutionnels* »[411]. Pour Thomas Hochmann, ce choix est dû en grande partie aux parlementaires, au gouvernement et à la doctrine car alors même que la question de l'incrimination de la négation du génocide arménien est une « *question politique* », « *les participants à la procédure législative, aidés en cela par la doctrine, se sont presque exclusivement concentrés sur des arguments d'apparence juridique* » [412]. Il ne servirait à rien de reprendre point par point tous ces arguments, en ce qu'ils sont pour la plupart identiques à ceux déjà évoqués dans le

---

409 HOCHMANN (Th.), *préc.*

410 Cons. const., *préc.*, cons. 3.

411 VÉRON (M.), *Droit pénal spécial*, Sirey, coll. Université, 17ème éd., 2019, p. 24, n° 32.

412 HOCHMANN (Th.), *préc.*

cadre du délit de négationnisme à propos des crimes commis durant la Seconde Guerre mondiale[413], les réponses étant donc semblables.

130. La question que devait se poser le Conseil tenait au fait de savoir si les propos niant le génocide des Arméniens étaient de nature à entrainer des conséquences néfastes, justifiant leur incrimination et donc une restriction de la liberté d'expression. Si pour certains la réponse se devait d'être négative[414], force est de constater que le Conseil constitutionnel n'a pas estimé nécessaire de s'aventurer sur ce terrain-là, certainement au regard des « *enjeux éminemment politiques, diplomatiques et juridiques* »[415] que la conformité de cette loi à la Constitution renfermait en elle. C'est ainsi que le Conseil commence dans sa décision par préciser classiquement que « *les atteintes portées à l'exercice de cette liberté doivent être nécessaires, adaptées et proportionnées à l'objectif poursuivi* »[416], ce qui annonce alors en principe la méthode suivie pour contrôler la loi déférée. Pourtant, « *après avoir indiqué la méthode qu'il devrait suivre pour contrôler la loi, le Conseil fonde sa décision sur un tout autre fondement,*

---

[413] V. *supra* n° 40 s.

[414] Rapport fait au nom de la commission des lois, *Sénat*, n° 269, 18 janvier 2012, SUEUR (J.-P.), p. 20 : « *Aucun discours de nature comparable à l'antisémitisme ne paraît viser aujourd'hui, en France et de façon massive, nos compatriotes d'origine arménienne* » ; PECH (L.), « Lois mémorielles et liberté d'expression : de la controverse à l'ambiguïté », *RFDC*, n° 91, 2012, p. 569 : « *En effet, la Cour européenne a clairement indiqué qu'elle n'accepte la sanction de ceux qui nient l'Holocauste qu'au motif qu'ils ont, selon la Cour, des visées manifestement racistes et antidémocratiques. Or, il paraît difficile de démontrer que ceux qui nient le génocide arménien, sans qu'importe le caractère ridicule ou extrêmement blessant de leurs affirmations, sont animés de mobiles similaires* ».

[415] BESSE (Th.), *op. cit.*, p. 156, n° 180.

[416] Cons. const., *préc.*, cons. 5.

affecté d'une contradiction évidente »[417].
En effet, le Conseil, pour censurer la loi déférée, estime que les lois reconnaissant un génocide sont dépourvues de portée normative, ce qui est inconstitutionnel selon lui. Puisque la loi qui lui est présentée vise à interdire les propos niant les crimes de génocide reconnus par la loi, et que cela est interdit au législateur, alors « *en réprimant ainsi la contestation de l'existence et de la qualification juridique de crimes qu'il aurait lui-même reconnus et qualifiés comme tels, le législateur a porté une atteinte inconstitutionnelle à l'exercice de la liberté d'expression et de communication* »[418]. Cependant, ce contrôle est à la fois parcellaire et contradictoire.

131. Il est tout d'abord parcellaire parce que le Conseil décide de n'examiner qu'une partie de la norme qui lui est soumise. Cette norme devait en effet se lire à la lumière de la loi du 29 janvier 2001 et de l'article 24 *ter* nouveau combinés. Il est effectivement évident que « *l'interdiction de contester l'existence des génocides reconnus par la loi, associée à la reconnaissance législative du génocide arménien, correspondait à une norme : l'interdiction de contester l'existence du génocide arménien* »[419]. Ainsi, le Conseil donne l'impression qu'il peut examiner l'article 24 *ter* en faisant une totale abstraction de sa combinaison avec la loi de 2001, ce qui l'empêche nécessairement de se prononcer sur la véritable norme créée.

132. Mais au-delà de cela, la décision du Conseil est également contradictoire, et tout le nœud du problème

---

[417] HOCHMANN (Th.), *préc.*
[418] Cons. const., *préc.*, cons. 6.
[419] HOCHMANN (Th.), *préc.*

réside dans l'utilisation du terme « *toutefois* »[420] dans son sixième considérant. Sa première phrase permet au Conseil d'affirmer qu'une loi qui ne fait que reconnaitre un crime de génocide n'est pas normative, et est donc inconstitutionnelle. L'utilisation du terme « *toutefois* » dans la seconde phrase du considérant donne l'impression que le Conseil en conclu que tel n'est pas le cas de l'article 24 *ter* qui prévoit bien une sanction et qui est donc normatif. Ce n'est cependant pas ce que dit le Conseil, bien au contraire : « *alors qu'une loi ne peut, sous peine d'inconstitutionnalité, se contenter de reconnaître un crime, la loi litigieuse réprime la négation de génocides reconnus par la loi. Dès lors, (« ainsi », dit le Conseil), la loi porte une atteinte inconstitutionnelle à la liberté d'expression. En d'autres termes, l'article 24* ter *viole la liberté d'expression parce qu'il se fonde sur la réalisation par le législateur d'un acte qui lui est interdit : la reconnaissance de génocides* »[421]. Le Conseil s'est donc bel et bien fondé sur l'absence de normativité de la loi de 2001 pour estimer que « *le législateur a porté une atteinte inconstitutionnelle à l'exercice de la liberté d'expression et de communication* »[422]. Toutefois, il peut sembler difficile de concevoir qu'une loi non-normative entraine une restriction de la liberté d'expression, même si *in fine*

---

[420] Cons. const., *préc.* : « *Considérant qu'une disposition législative ayant pour objet de « reconnaître » un crime de génocide ne saurait, en elle-même, être revêtue de la portée normative qui s'attache à la loi ; que, toutefois, l'article 1er de la loi déférée réprime la contestation ou la minimisation de l'existence d'un ou plusieurs crimes de génocide « reconnus comme tels par la loi française » ; qu'en réprimant ainsi la contestation de l'existence et de la qualification juridique de crimes qu'il aurait lui-même reconnus et qualifiés comme tels, le législateur a porté une atteinte inconstitutionnelle à l'exercice de la liberté d'expression et de communication* », nous soulignons.

[421] HOCHMANN (Th.), *préc.*

[422] Cons. const., *préc.*

l'article 24 *ter* permettait de remédier à ce souci de normativité.

133. « *Si le Conseil constitutionnel considère que la négation du génocide arménien n'est pas une expression qui incite à la haine, s'il estime qu'elle ne produit pas de préjudices qui justifient son interdiction, qu'il le dise* »[423]. Malgré l'avertissement de Robert Badinter[424] qui avait prévenu des conséquences regrettables qu'une censure éventuelle entrainerait à l'égard de la communauté arménienne si la loi de 2001 était elle aussi examinée, et au regard de l'absence d'une telle censure[425], l'on peut néanmoins avoir l'impression que cette déclaration d'inconstitutionnalité constitue « *une victoire symbolique du négationnisme même si, en aucun cas le Conseil constitutionnel ne l'a encouragé dans sa décision* »[426]. Outre le fait que la communauté arménienne française est très importante, une haine à l'égard des Arméniens semble identifiable comme nous le montre parfois l'actualité[427] et

---

[423] HOCHMANN (Th.), « Le Conseil constitutionnel et l'art de la suggestion. À propos du critère de la condamnation juridictionnelle du crime nié », *in* HOCHMANN (Th.) et KASPARIAN (P.) (dir.), *L'extension du délit de négationnisme*, LGDJ, Institut Universitaire Varenne, coll. « Transition & Justice », 2019, p. 56.
[424] *JOS* n° 41, séance du 4 mai 2011, p. 3333.
[425] En effet, la saisine du Conseil constitutionnel en 2012 pouvait faire craindre qu'il décide de lui-même, en application de sa jurisprudence État d'urgence en Nouvelle-Calédonie, de se saisir de la loi de 2001 et de la déclarer inconstitutionnelle. C'est donc peut-être conscient de ces conséquences que le Conseil n'a censuré que la loi de 2012 sans se prononcer sur celle de 2001.
[426] DUCLERT (V.), « Faut-il une loi contre le négationnisme du génocide des Arméniens ? Un raisonnement historien sur le tournant de 2012 », *Revue Histoire@Politique*, 2013/3, n° 121, p. 167.
[427] Le Centre culturel arménien Sahak Mesrop de l'église apostolique arménienne de Marseille a été touché le dimanche 24 janvier 2021 par un coup de feu transperçant une vitre du premier étage où se trouvait, entre autres, un pianiste en train de répéter.

la négation de ce génocide a bien souvent pour objectif de saper ce qui constitue une partie importante de l'identité des Arméniens[428]. Le fait que le Conseil invoque alors un raisonnement totalement contradictoire et parcellaire, et qu'il ne dit mot concernant les conséquences néfastes que les propos niant le génocide des Arméniens peuvent entrainer, rend cette décision très contestable. Malgré cet échec retentissant, et la crainte que toute extension du délit ne soit bloquée, le législateur est de nouveau revenu à la charge en fin d'année 2016 afin d'étendre l'article 24 *bis*, tout en prenant en compte la jurisprudence européenne mais surtout constitutionnelle française.

§2. Le semi-échec de l'extension de 2017 : entre désillusion et incompréhension

134. La loi du 27 janvier 2017 relative à l'égalité et à la citoyenneté en son article 173 venait initialement prévoir une double extension du délit de négationnisme[429]. Le début de l'article 24 *bis* concernant les crimes commis durant la Seconde Guerre mondiale restait inchangé, mais il se voyait complété d'un alinéa 2 ainsi rédigé :

> « *Seront punis des mêmes peines ceux qui auront nié, minoré ou banalisé de façon outrancière, par un des moyens énoncés à l'article 23, l'existence d'un crime de génocide autre que ceux mentionnés au premier alinéa du présent article, d'un autre crime contre l'humanité, d'un crime de réduction en esclavage ou d'exploitation d'une personne réduite*

---

[428] La Cour européenne des droits de l'Homme reconnait que ce génocide fait partie intégrante de l'identité des Arméniens, v. CEDH, 15 oct. 2015, *Perinçek c. Suisse*, gr. ch., req. n° 27510/08, §156.

[429] Loi n° 2017-86 du 27 janvier 2017 *relative à l'égalité et à la citoyenneté*, JORF n° 0024 du 28 janvier 2017.

en esclavage ou d'un crime de guerre défini aux articles 6, 7 et 8 du statut de la Cour pénale internationale signé à Rome le 18 juillet 1998 et aux articles 211-1 à 212-3, 224-1 A à 224-1 C et 461-1 à 461-31 du code pénal, lorsque :
1° Ce crime a donné lieu à une condamnation prononcée par une juridiction française ou internationale ;
2° Ou la négation, la minoration ou la banalisation de ce crime constitue une incitation à la violence ou à la haine à l'égard d'un groupe de personnes ou d'un membre d'un tel groupe défini par référence à la prétendue race, la couleur, la religion, l'ascendance ou l'origine nationale »[430].

135. Le Conseil constitutionnel, saisi *a priori* de cette loi[431] mais non de cet article, décida de s'en saisir d'office, mais pas de manière complète puisque seul le 2° a été contrôlé. Si ce pan de l'extension a pu être déclaré inconstitutionnel selon un examen déformant (**A**), cette absence de contrôle de l'autre alternative a pour conséquence une extension effective du délit, actant ainsi l'apparition d'un critère contestable au sein d'une incrimination critiquable (**B**).

A. Tentative d'extension à un négationnisme qualifié et censure du Conseil constitutionnel

136. Le Conseil constitutionnel a donc décidé de contrôler d'office l'extension du délit de négationnisme votée par le législateur, et l'on aurait pu s'en réjouir, si

---

[430] Pour éviter des répétitions trop longues, l'on utilisera la seule expression « *crimes contre l'humanité* » pour désigner tous ces crimes visés par l'extension de l'article 24 *bis* de 2017.
[431] Cons. const., 26 janv. 2017, n° 2016-745 DC.

seulement les Sages étaient allés jusqu'au bout[432]. Si la liste des crimes établie dans l'article peut laisser à désirer[433], notons d'ores et déjà que le Conseil ne s'est intéressé fort curieusement qu'à la négation des crimes contre l'humanité lorsque celle-ci « *constitue une incitation à la violence ou à la haine* » en raison de motifs racistes, faisant comme si le 1° de l'extension n'existait pas. Cette décision, si elle est déjà critiquable sur ce point, l'est encore plus à la lecture du raisonnement du Conseil constitutionnel qui semble examiner un texte qui n'est pas celui dont il s'est saisi.

137. La disposition contrôlée prévoit bien que la répression de la négation des crimes contre l'humanité visés par le texte ne peut intervenir qu'à la condition que de tels propos incitent à la haine ou à la violence, ce qui constitue un négationnisme qualifié et qui est au demeurant conforme à la jurisprudence européenne et constitutionnelle française. Cependant, le Conseil constitutionnel précise que « *si la négation, la minoration ou la banalisation de façon outrancière de certains crimes de génocide (...) peuvent constituer une incitation à la haine ou à la violence à caractère raciste ou religieux, elles ne revêtent pas, par elles-mêmes et en toute hypothèse, ce caractère* »[434]. Cette affirmation est sans doute exacte, mais ce n'est nullement ce que venait dire le pan de l'extension examiné qui exigeait justement l'identification d'une telle incitation pour caractériser le délit. Cette réécriture du texte permet sans doute au Conseil de « *justifier, indirectement mais sûrement, l'article 24* bis *tel qu'issu de la loi « Gayssot »* »[435]. C'est une manière de censurer le délit dont

---

[432] SAFI (F.), « À la recherche d'un fondement à l'incrimination du négationnisme », *D.*, 2017, p. 686.
[433] V. *infra* n° 145.
[434] Cons. const., *préc.*, cons. 194.
[435] SAFI (F.), *préc.*

il s'est saisi sans pour autant revenir sur ce qu'il a pu dire un an avant. Le Conseil en conclut donc que « *la négation, la minoration ou la banalisation de façon outrancière de ces crimes ne peuvent, de manière générale, être réputées constituer par elles-mêmes un abus de l'exercice de la liberté d'expression et de communication portant atteinte à l'ordre public et aux droits des tiers* »[436].

138. Mais, si le Conseil fait disparaitre cet élément tenant à l'incitation pour examiner les conséquences que les propos incriminés peuvent entrainer, il le fait réapparaitre lorsqu'il s'agit d'examiner le caractère nécessaire de l'incrimination. En effet, il dresse un parallèle entre le 2° de l'extension et l'article 24 de la loi du 29 juillet 1881 réprimant la provocation à la discrimination, à la haine ou à la violence pour en conclure que l'extension n'est pas nécessaire[437]. En vérité, le Conseil ne se penche pas vraiment sur le caractère nécessaire de l'extension[438], mais sur le problème d'une double incrimination pour en conclure à l'inutilité de la disposition. Cependant, les deux infractions ne se superposent pas complétement, puisque là

---

[436] Cons. const., *préc.*

[437] *Ibid.*, cons. 195 : « *Dès lors, les dispositions introduites par le dernier alinéa du 2 ° de l'article 173, qui répriment des mêmes peines des propos présentant les mêmes caractéristiques, ne sont pas nécessaires à la répression de telles incitations à la haine ou à la violence* ».

[438] HOCHMANN (Th.), « Pas de lunettes sous les œillères : le Conseil constitutionnel et le négationnisme », *RDLF*, 2017, chron. n° 06 : « *La nécessité désigne autre chose que lorsqu'il s'agit d'examiner si les restrictions de la liberté d'expression sont « nécessaires, adaptées et proportionnées à l'objectif poursuivi ». La limitation d'une liberté est « nécessaire » lorsqu'il ne semble pas possible d'atteindre aussi efficacement le but recherché au moyen d'une mesure qui serait moins attentatoire à la liberté. Dès lors que la nouvelle loi ne restreint aucun comportement supplémentaire par rapport à des restrictions existantes, elle ne pose pas de problème de « nécessité » en ce sens* ».

où l'article 24 nécessite de rapporter la preuve d'une intention d'inciter à la haine ou à la violence, on peut supposer qu'une telle preuve n'aurait pas été exigée par la jurisprudence à l'encontre du 2° de l'extension comme elle ne l'exige pas à l'encontre de la négation des crimes commis durant la Seconde Guerre mondiale[439]. De plus, l'article 24 *bis* nécessite que les propos portent sur des crimes bien précis, là où l'article 24 ne fait pas de distinction, ce qui peut faire du délit de négationnisme une infraction spéciale. Ainsi, censurer le 2° de l'extension sur ce fondement est quelque peu contestable, et si nous ne sommes pas d'accord avec Farah Safi qui considère ce raisonnement comme « *fort convaincant et juste* », nous la rejoignons lorsqu'elle constate « *qu'il est surprenant que ce même argument ne soit pas valable pour l'incrimination du génocide des Juifs* »[440]. Si ce raisonnement est valable pour le 2° de l'extension aux yeux du Conseil, il devrait l'être pour le premier alinéa de l'article 24 *bis* au regard de la présomption d'incitation à la haine qu'il identifie. « *Dès lors, en souhaitant probablement clore la discussion de l'étendue de la répression, le Conseil semble avoir rouvert celle de son opportunité* »[441].

139. Cependant, le Conseil ne souhaite pas s'aventurer sur ce terrain-là, conscient de la ligne fine sur laquelle il marche, et préfère allier à ce raisonnement d'autres considérations toutes aussi critiquables. C'est ainsi qu'il réalise une deuxième déformation du texte en affirmant qu'il imposerait « *au juge, pour établir les éléments constitutifs de l'infraction, de se prononcer sur l'existence d'un crime (...) alors même qu'il n'est pas saisi au fond de ce crime et qu'aucune juridiction ne s'est prononcée sur les*

---

[439] V. *supra* n° 35 s.
[440] SAFI (F.), *préc.*
[441] BESSE (Th.), *op. cit.*, p. 168, n° 192.

faits dénoncés comme criminels »[442]. Mais il s'agit là encore d'une erreur[443], puisque le juge doit simplement établir si les propos nient un crime contre l'humanité, sans pour autant savoir si le crime dont il est question a véritablement existé, et *a fortiori* s'il a été reconnu comme tel par une décision de justice[444].

140. C'est ainsi que le critère d'une condamnation juridictionnelle réapparait miraculeusement pour asseoir encore plus le raisonnement des Sages face à une partie de la population convaincue que la spécificité de la négation de l'Holocauste réside dans cet élément. Pour le Conseil, puisqu'il s'agit d'incriminer la négation de « *faits sans pourtant que ceux-ci n'aient encore reçu la qualification* » de crimes contre l'humanité par une juridiction, cela fait « *peser une incertitude sur la licéité d'actes ou de propos portant sur des faits susceptibles de faire l'objet de débats historiques qui ne satisfait pas à l'exigence de proportionnalité* » [445]. En vérité, le Conseil, par cette précision, se fonde sur le caractère imprévisible de l'incrimination, tout en omettant que les propos devaient inciter à la haine ou à la violence, ce qui « *était peut-être susceptible d'atténuer le caractère imprévisible de la loi* »[446].

141. Cependant, si c'est véritablement le caractère imprévisible qui fonde cette référence au critère d'une

---

442 Cons. const., *préc.*, cons. 196.

443 Cet argument avait déjà été soulevé à l'encontre du délit originel sans pour autant emporter une quelconque adhésion, v. *supra* n° 45 s.

444 Par exemple, affirmer qu' « il n'y a jamais eu de génocide à l'encontre des ligériens » constitue bien une négation d'un crime contre l'humanité, sans qu'à aucun moment l'on doit se demander si un génocide des ligériens a véritablement eu lieu.

445 Cons. const., *préc.*

446 HOCHMANN (Th.), *préc.*

décision juridictionnelle, référence noyée dans d'autres arguments discutables, le Conseil constitutionnel, en n'évoquant que ce critère dans son considérant final, a peut-être bien de nouveau brouillé les pistes[447]. En procédant de la sorte, le Conseil semble alors avoir passé le cap en fondant désormais son raisonnement pour distinguer les propos pouvant faire l'objet d'une incrimination et ceux y échappant sur non plus les conséquences préjudiciables que de tels propos peuvent entrainer, donc sur la nature même de ceux-ci, mais sur l'objet de ces propos. C'est d'ailleurs sans doute pour cette raison que le premier pan de l'alternative n'a pas fait l'objet d'un contrôle par le Conseil constitutionnel.

B. L'extension effective à un négationnisme simple fortement critiquable

142. Tout comme en 2012, la décision de 2017 est critiquable tant sur ce qu'elle dit que sur ce qu'elle ne dit pas. En effet, le Conseil constitutionnel ne s'est intéressé qu'au 2° de l'article 173 de la loi déférée, et aucunement sur le 1° prévoyant un autre critère alternatif pour caractériser l'infraction. Comme cet alinéa n'a pas été examiné par le Conseil, il est entré en vigueur en même temps que la loi « Égalité et Citoyenneté ».

143. Mais alors pourquoi un tel examen isolé de la part du Conseil constitutionnel ? Sans doute pour ne pas fragiliser sa décision concernant le 2° de l'article 173, tant il aurait été compliqué pour le Conseil de déclarer

---

[447] Cons. const., *préc.*, cons. 197 : « *Il résulte de ce qui précède que le législateur, en réprimant la négation, la minoration et la banalisation de certains crimes n'ayant fait l'objet d'aucune condamnation judiciaire préalable, a porté une atteinte à l'exercice de la liberté d'expression qui n'est ni nécessaire ni proportionnée* », nous soulignons.

inconstitutionnel le 2° en raison de l'absence d'une décision de justice, et dans le même temps déclarer inconstitutionnel le 1° qui renferme quant à lui précisément ce critère. Si rien n'est sûr, et qu'éventuellement d'autres arguments peuvent être avancés pour justifier ce critère et donc dans le même temps expliquer la décision du Conseil[448], « *nul ne peut en revanche empêcher le lecteur de la décision de penser et de dire que les arguments du Conseil auraient dû entraîner la censure de l'essentiel de l'article 173* »[449]. En effet, et pour ne prendre qu'un exemple, s'il est vrai que le raisonnement du Conseil concernant la nécessaire identification d'une incitation à la haine ou à la violence pour que le délit de négationnisme soit justifié n'était pas pertinent à l'encontre du 2°, il l'est tout à fait concernant le 1° car rien n'est précisé sur ce point.
Mais c'est surtout qu'en insistant sur l'absence de reconnaissance des crimes contre l'humanité par une décision de justice tout en omettant d'examiner la partie de l'extension qui prévoyait précisément ce critère, et alors même que le 2° de l'extension a été adopté pour incriminer la négation du génocide des Arméniens[450], le Conseil constitutionnel semble vouloir faire comprendre au législateur qu' « *il est exclu d'incriminer la négation du génocide arménien, parce que celui-ci n'a pas fait l'objet d'une condamnation* »[451].

144. Au-delà de ces questions, il semble important de revenir sur les propos aujourd'hui concernés par cette extension. Tout d'abord, le législateur a cru bon, sûrement

---

[448] V. *infra* n° 161 s.
[449] HOCHMANN (Th.), *préc*.
[450] V. not. *JOAN* n° 72, 2ème séance du 1er juillet 2016, pp. 5106 s. ; *JOS* n° 93, séance du 14 octobre 2016, pp. 15084 s.
[451] HOCHMANN (Th.), « Le Conseil constitutionnel et l'art de la suggestion. À propos du critère de la condamnation juridictionnelle du crime nié », *préc*., p. 55.

inspiré par les méthodes anglo-saxonnes[452], de préciser que les propos incriminés sont ceux qui auront « *nié, minoré ou banalisé de façon outrancière (...) l'existence d'un crime* » évoqué au sein de l'article. S'il est vrai que cette énumération vient valider toute la jurisprudence[453] déjà évoquée à l'égard de l'interprétation du terme « *contester* »[454], elle est cependant regrettable pour plusieurs raisons. Déjà, la formulation laisse penser que l'on peut minorer l'existence même d'un crime, ce qui est impossible puisque « *seule l'importance du crime peut l'être* »[455]. Ensuite, la précision « *de façon outrancière* » ne permet pas véritablement de savoir à quoi elle se rapporte, autrement dit si elle ne concerne que la banalisation, ou si elle concerne aussi la négation et la minoration. Cela peut avoir son importance, car si la simple minoration peut être retenue sans qu'elle ait besoin d'être outrancière, alors se pose la question du caractère adapté de l'infraction tant beaucoup (trop) de propos pourraient tomber sous le coup de l'incrimination. Mais au contraire, si la minoration doit être outrancière, cela signifie que l'auteur des propos minimise tellement le crime qu'il en vient en réalité à le nier, faisant disparaitre alors la pertinence de la distinction opérée par le texte entre « *nié* » et « *minoré* ». Quant à la distinction réalisée entre le terme de « banalisation » et celui de « minoration », elle ne se justifie « *que si on entend par ce dernier une minoration quantitative, ne concernant que l'ampleur du crime* »[456], car si la minoration peut

---

[452] RASSAT (M.-L.), *Droit pénal spécial*, Dalloz, coll. Précis, 8ème éd., 2018, p. 873, n° 778.

[453] BEIGNIER (B.), « Le bon grain et l'ivraie : le négationnisme, contrefaçon de l'histoire », *préc.*

[454] V. *supra* n° 19 s.

[455] DROIN (N.), « L'article 24 *bis* sanctionnant le délit de négationnisme : toujours discuté, toujours discutable ? », *in* HOCHMANN (Th.) et KASPARIAN (P.) (dir.), *op. cit.*, p. 73.

[456] *Ibid.*, pp. 73-74.

également être qualitative, alors la précision fait « *double emploi avec le terme de banalisation* »[457]. Il semble clair alors que le législateur aurait pu et dû se contenter de reprendre le terme de « *contestation* »[458], tant celui-ci ne pose pas véritablement de problème d'interprétation, bien au contraire, puisqu'il permet aux juges d'appréhender au mieux tous les propos négationnistes qu'importe leurs formes.

145. En plus de cette précision, inutile et source de questionnements, l'article 173 poursuit en énumérant tous les crimes concernés par l'incrimination. Le Statut du Tribunal de Nuremberg est volontairement omis, afin de ne pas faire double emploi avec le premier alinéa de l'article 24 *bis*. Mais est-ce que cette énumération est pertinente ? En effet, la plupart des crimes visés ne tombent-ils pas sous la qualification de crime contre l'humanité ? La réponse est très certainement positive[459], et la raison d'une telle liste « *se trouve une nouvelle fois sur le plan politique : afficher la volonté du législateur d'étendre le champ d'application de l'infraction, et de répondre aux différentes réclamations d'une partie de l'opinion publique* »[460].

146. Mais malheureusement, cette énumération est complétée par le critère tenant à la reconnaissance

---

[457] *Ibid.*

[458] Au regard des débats parlementaires, force est de constater que la formulation adoptée a été préférée afin de préciser les propos incriminés pour se mettre en accord avec la décision-cadre 2008/913/JAI du Conseil du 28 novembre 2008 sur la lutte contre certaines formes et manifestations de racisme et de xénophobie au moyen du droit pénal. V. not. *JOS*, *préc.*, p. 15087, intervention de KANNER (P.), ministre.

[459] Ce constat est d'ailleurs corroboré par le législateur, avec pour exemple la loi n° 2001-434 du 21 mai 2001 *tendant à la reconnaissance de la traite et de l'esclavage en tant que crime contre l'humanité*, JORF n° 0119 du 23 mai 2001.

[460] SAFI (F.), *préc.*, note 21.

juridictionnelle des crimes visés. Le législateur a ainsi cédé à la fausse croyance que l'incrimination du négationnisme de l'Holocauste serait justifiée par sa reconnaissance juridictionnelle, et à l'impression donnée par le Conseil constitutionnel que toute extension du délit ne peut se faire qu'en fonction de ce critère. Ainsi, en le combinant à la liste des crimes concernés par l'extension, « *certains crimes et donc certaines négations sont exclus* ab initio *du délit : celles qui concernent des crimes commis avant que les infractions existent et puissent entrainer une condamnation, ce qui est notamment le cas du génocide des arménien* »[461]. Ce critère a dont pour effet indéniable de « *restreindre le champ temporel du délit* »[462], ce qui peut poser question sur la pertinence d'avoir censuré la partie de l'extension qui permettait de remédier à cette restriction du champ d'application des crimes concernés.

147. Mue par une volonté toujours plus grande de satisfaire les revendications de chacun et d'essayer d'atteindre une égalité « réelle », le législateur frappe de nouveau à côté et échoue aux deux, la liberté d'expression subissant encore une fois une atteinte, qu'il semble ici difficile de justifier. Cette atteinte est d'autant plus renforcée que le législateur fonde l'extension sur un critère qui est absent des décisions du Conseil constitutionnel et pourtant suggéré par lui, nous poussant à l'examiner un peu plus en détail pour tenter de le justifier.

---

[461] DROIN (N.), *préc.*, p. 77.

[462] HOCHMANN (Th.), *Mémoire d'*amicus curiae *à propos de l'article 173 (2°) de la loi relative à l'Égalité et la citoyenneté (élargissement du délit de négationnisme)*, 2017, publié dans l'ouvrage HOCHMANN (Th.) et KASPARIAN (P.) (dir.), *op. cit.*, pp. 119 s., v. p. 125.

Section 2. Les justifications limitées d'un critère suggéré par le Conseil constitutionnel

148. Si certaines origines de ce nouveau critère ont déjà pu être évoquées[463], ses germes se trouvent principalement dans la jurisprudence du Conseil constitutionnel et dans ce qu'il a pu laisser dire et croire à l'encontre de ses décisions (**§1**). Face à son omniprésence dans tous les débats et aujourd'hui dans la loi, il semble nécessaire de tenter de justifier ce critère afin d'éventuellement comprendre ses tenants et ses aboutissants (**§2**).

§1. Un critère jurisprudentiel aux origines floues

149. À la lecture des décisions du Conseil constitutionnel concernant le négationnisme, il semble au premier abord évident qu'il n'a jamais fondé son raisonnement sur la reconnaissance ou non des crimes niés par une juridiction française ou internationale (**A**). Cependant, le Conseil a pu le suggérer à plusieurs reprises de façon habile, laissant croire au législateur qu'il était essentiel à toute extension du délit de négationnisme, ce qui n'a pas manqué de se concrétiser en pratique (**B**).

A. Un critère absent des décisions du Conseil constitutionnel

150. Si nous avons pu déjà évoquer certaines de ses origines, il reste que la traduction de ce critère dans la loi a été largement influencée par la jurisprudence du Conseil constitutionnel. En effet, ce dernier a pu laisser sous-entendre que ce critère était fondamental dans la répression

---

[463] V. *supra* n° 53 s.

du négationnisme. Cependant, « *celui qui regarde de près les décisions s'aperçoit que le Conseil n'a jamais posé une telle exigence* »[464].

151. Dans sa décision du 28 janvier 2012, le Conseil ne fonde absolument pas son raisonnement sur ce critère, mais sur l'absence de normativité de la loi contrôlée. Cet argument est certes contradictoire, mais c'est l'unique fondement de sa décision. Aucune considération supplémentaire n'est ajoutée tenant par exemple à l'usurpation du rôle du juge ou encore à l'incompétence du législateur pour écrire l'Histoire, arguments soulevés par les parlementaires à l'origine de la saisine. L'auto-commentaire de la décision n'est pas très éloquent à ce sujet, mais c'est peut-être bien dans celui réalisé à l'égard d'une décision rendue en 2017 que le Conseil a donné une présentation exacte[465] du fondement l'ayant poussé à déclarer inconstitutionnelle la loi qui lui était déférée en 2012 : « *le Conseil a censuré une telle infraction, au motif qu'un de ses éléments constitutifs (le fait qu'une disposition législative ait « reconnu » le crime comme tel) renvoyait à une condition juridiquement impossible, dans la mesure où une loi qui procède à une telle reconnaissance est nécessairement dépourvue de portée normative* »[466]. L'absence de normativité de la loi est donc explicitement évoquée ici, sans aucune référence à la condition tenant à la reconnaissance juridictionnelle du crime nié.

152. Dans sa décision du 8 janvier 2016, le Conseil ne fonde pas non plus son raisonnement sur cette condition.

---

464 HOCHMANN (Th.), « Le Conseil constitutionnel et l'art de la suggestion. À propos du critère de la condamnation juridictionnelle du crime nié », *préc.*, p. 46.

465 HOCHMANN (Th.), *préc.*, p. 47.

466 Auto-commentaire de la décision Cons. const., 15 déc. 2017, n° 2017-682 QPC, p. 12.

Dans le cadre de son contrôle de l'article 24 *bis* au regard de la liberté d'expression, il n'est nullement évoqué. Il est vrai cependant qu'il est présent dans le contrôle de la disposition face au principe d'égalité devant la loi pénale, mais le Conseil ne vient pas s'en servir pour identifier une éventuelle incompétence du législateur pour interdire la négation des génocides qu'il aurait lui-même reconnu, pas plus qu'il n'exige que les crimes niés aient fait l'objet d'une décision de justice. En réalité, la condamnation juridictionnelle des crimes niés est avancée dans le cadre de l'examen par le Conseil du caractère préjudiciable des propos tenus. En considérant que « *la négation de faits qualifiés de crime contre l'humanité par une décision d'une juridiction française ou internationale reconnue par la France se différencie de la négation de faits qualifiés de crime contre l'humanité par une juridiction autre ou par la loi* »[467], il semble alors affirmer sans le dire explicitement que l'incrimination de la négation des crimes nazis reconnus par une juridiction française ou internationale s'inscrit dans l'objet de la loi Gayssot qui est de lutter contre le racisme, l'antisémitisme et la xénophobie. Ainsi, « *l'existence d'une condamnation judiciaire serait un élément qui permettrait de conclure à l'interprétation du négationnisme comme un discours de haine* »[468]. Si nous pouvons avoir du mal à partager l'analyse du Conseil constitutionnel sur ce point-là, il semble en tout cas clair qu'il n'exige pas forcément que les crimes niés aient fait l'objet d'une décision de justice, sauf à faciliter l'identification du caractère préjudiciable des propos venant les nier.

153. Enfin, dans sa décision du 26 janvier 2017, le Conseil ne fonde pas plus sa décision sur ce critère, du

---

[467] Cons. const., 8 janv. 2016, *préc.*, cons. 10.
[468] HOCHMANN (Th.), *préc.*, p. 49.

moins dans son raisonnement puisque les Sages l'évoquent afin d'en conclure à une absence de prévisibilité de l'infraction. Ils ne disent à aucun moment que seule l'incrimination de la négation des crimes contre l'humanité qualifiés comme tels par une décision de justice est envisageable. Ce critère répond sans doute au problème de prévisibilité de l'infraction[469], justifiant que le Conseil d'État ait pu suggérer de le retenir[470], mais il ne limite en aucun cas l'incrimination du négationnisme à ces seuls crimes reconnus judiciairement.

154. Ainsi, il est clair que le Conseil constitutionnel n'a construit aucune de ses trois décisions à l'encontre du négationnisme sur le critère tenant à la reconnaissance juridictionnelle des crimes niés, ce qu'il aurait eu du mal à fonder sur la Constitution de toute manière[471]. Cependant, « *si le Conseil n'a jamais soutenu l'existence d'une telle condition, il l'a très habilement suggérée* »[472] dans ces trois mêmes décisions.

B. Un critère suggéré et aujourd'hui présent dans la loi

155. Aujourd'hui, l'alinéa 2 de l'article 24 *bis* prévoit expressément ce critère pour caractériser un pan du délit de

---

469 HOCHMANN (Th.), *préc.*, p. 50.

470 CE, avis INT-387525, 28 avril 2013, *in Rapport public 2014*, p. 294 : le principe de légalité criminelle « *interdit donc de sanctionner la dénégation de faits pouvant être pénalement incriminés – et, plus encore, la dénégation de leur qualification pénale précise, par exemple sur le point de savoir s'il s'agit d'un crime de guerre ou d'un crime contre l'humanité –, lorsque cette dénégation est antérieure à toute décision juridictionnelle définitive établissant que lesdits faits relèvent bien de cette incrimination* ».

471 HOCHMANN (Th.), *préc.*

472 *Ibid.*

négationnisme. Sans doute que « *le régime envisagé par le législateur s'explique assez bien si l'on remonte quelques années en arrière* »[473], car si les décisions évoquées jusque-là ne sont pas fondées sur cette condition, la construction des raisonnements adoptés par le Conseil a pu laisser croire le contraire.

156. La décision de 2012 n'évoque en aucun cas, que ce soit de manière explicite ou implicite, cette condition. C'est en réalité par ce que le Conseil a permis de dire de son raisonnement que cette fausse croyance a pu se propager. L'auto-commentaire de la décision reconnait lui-même que la motivation du Conseil constitutionnel est brève, d'autant que « *le raisonnement suivi par le Conseil est suffisamment obscur, ingénieux et contradictoire pour demeurer caché au lecteur distrait* »[474]. Ainsi, si les Sages fondent leur raisonnement sur l'absence de normativité de la loi, la doctrine a eu tendance à présenter la décision différemment, en ne citant qu'une partie du raisonnement : « *l'atteinte inconstitutionnelle à l'exercice de la liberté d'expression et de communication résultait de ce que le législateur entendait réprimer « la contestation de l'existence et de la qualification juridique de crimes qu'il aurait lui-même reconnus et qualifiés comme tels »* »[475]. En détachant cette phrase du reste du considérant, on l'extrait de la question de la normativité de la loi pour donner la seule impression que le législateur s'est adonné à un exercice pour lequel il

---

473 HOCHMANN (Th.), « La réécriture de l'article 24 bis : généalogie d'une étrangeté », *préc.*, p. 106.

474 HOCHMANN (Th.), « Le Conseil constitutionnel et l'art de la suggestion. À propos du critère de la condamnation juridictionnelle du crime nié », *préc.*, p. 46.

475 ROBLOT-TROIZIER (A.) et TUSSEAU (G.), « Chronique de jurisprudence – Droit administratif et droit constitutionnel », *RFDA*, 2017, p. 561.

n'était pas compétent, usurpant alors le rôle du juge[476]. De plus, le Conseil, s'il ne reconnait pas ce critère, participe du moins à son épanouissement en affaiblissant le réel fondement de sa décision puisque dans son auto-commentaire il affirme que « *le fondement de la censure réside (...) dans l'atteinte que porte en elle-même à l'exercice de la liberté d'expression et de communication l'incrimination de la contestation de l'existence et de la qualification juridique de crimes reconnus et qualifiés comme tels par la loi* »[477]. « *De la sorte, le Conseil incite à ne pas insister sur la question de la normativité, sur laquelle repose en réalité la décision* »[478].

157. Peut-être lui-même influencé par tout ce qui a pu se dire à l'égard de cette décision, le Conseil constitutionnel a introduit dans son raisonnement de 2016 la question de la reconnaissance juridictionnelle des crimes niés. Si cette référence n'est pas le cœur de la réflexion du Conseil, force est de constater qu'à sous-entendre « *qu'un lien existait entre la reconnaissance juridictionnelle du crime et les conséquences dommageables de sa négation* »[479], il suggère encore une fois que seule la négation de ces crimes pouvait faire l'objet d'une incrimination. La doctrine n'a pas manqué ici aussi de commenter cette précision, Philippe Conte considérant même qu' « *il est heureux, alors, que cette spécificité de l'article 24* bis*, jamais suffisamment soulignée, apparaisse dans la décision du Conseil* » tant « *fonder l'incrimination du négationnisme sur la seule lutte contre le racisme et l'antisémitisme* »[480] serait insuffisant. N'est-ce pas cependant justement parce que la négation des

---

476 HOCHMANN (Th.), *préc.*, p. 52.

477 Auto-commentaire de la décision Cons. const., 28 fév. 2012, n° 2012-647 DC, p. 11.

478 HOCHMANN (Th.), *préc.*, p. 53.

479 *Ibid.*, p. 54.

480 CONTE (Ph.), « L'Histoire et les juges », *Dr. pén.*, 2016, repère 3.

crimes nazis est empreinte systématiquement d'une incitation à la haine ou à la violence couplée à un antisémitisme à peine dissimulé que sa seule incrimination était, jusqu'en 2017, possible sans que ce critère ne soit important car absent du texte d'incrimination ? C'est en tout cas ce que soutiennent la Cour européenne des droits de l'Homme, une majorité de la doctrine ainsi que le Conseil constitutionnel sous les réserves ici évoquées.

158. Ce qui est sûr c'est que ces décisions, mais surtout celle de 2012, ont très certainement influencé les parlementaires au moment de l'adoption de cet article au regard des comptes-rendus des débats. En effet, plusieurs députés ont pu soutenir que la condition tenant à la reconnaissance juridictionnelle du crime nié permettrait de prendre en compte « *la décision, peut-être même (...) l'esprit, du Conseil constitutionnel de 2012* »[481] « *qui avait considéré que l'incrimination de la négation d'un crime contre l'humanité ne pouvait pas reposer sur sa seule reconnaissance par la loi, en l'absence de condamnation par une juridiction* »[482]. On peut remarquer que l'autre disposition censurée (tenant à l'incitation à la haine ou à la violence des propos négationnistes) n'a été adoptée que pour « *répondre, de manière symbolique, mais non normative, à une revendication* »[483] selon le rapporteur du texte au Sénat. Les parlementaires étaient donc conscients de l'exclusion *ab initio* que le critère tenant à une décision

---

[481] *JOAN*, *préc.*, p. 5106, intervention de M. LUREL (V.), député.
[482] *Ibid.*, p. 5107, intervention de Mme. BAREIGTS (E.), secrétaire d'État.
[483] *JOS*, *préc.*, p. 15086, intervention de Mme. GATEL (F.), rapporteur.

de justice engendrerait à l'égard des crimes trop anciens, à l'instar du génocide des Arméniens[484].

159. Concernant la décision de 2017, le même constat est à établir puisque l'on retiendra très certainement encore une fois que son dernier considérant[485]. De nouveau, même si le Conseil fonde sa décision sur le doublon que constitue le 2° de l'extension ainsi que sur l'absence de prévisibilité de l'incrimination, en finissant son raisonnement de la sorte il met en avant le critère tenant à la reconnaissance juridictionnelle du crime nié, « *comme si c'était son absence qui fondait directement l'inconstitutionnalité de la loi* »[486].

160. Il semble alors évident que le Conseil, loin de fonder ses décisions sur ce critère, a pu toutefois laisser se propager la croyance « *au sein de la doctrine, du parlement et des cabinets ministériels, que l'incrimination du négationnisme n'était possible qu'à l'égard des crimes établis par un tribunal* »[487]. Mais alors si ce critère a aujourd'hui une place si importante, que ce soit dans la loi, dans la doctrine ou encore dans la jurisprudence

---

[484] *Ibid.*, v. not. p. 15085, intervention de Mme. GONTHIER-MAURIN (B.), sénatrice : « *Son adoption permettrait d'étendre la pénalisation à l'ensemble des crimes de guerre ou contre l'humanité, dès lors qu'ils auront été reconnus par une juridiction ou, pour les cas trop anciens, qu'ils disposeront d'une reconnaissance historique – c'est notamment le cas du génocide des Arméniens de 1915, ayant fait l'objet d'une loi votée en 2001 par le Parlement français. Dans ce cas, une sanction sera prise si leur contestation ou leur banalisation est commise dans des conditions incitant à la haine ou à la violence* ».

[485] HOCHMANN (Th.), *préc.*, p. 55 : « *On assurera que le législateur a violé la liberté d'expression parce qu'il a réprimé la négation de crimes qui n'avaient pas fait l'objet d'une condamnation judiciaire* ».

[486] *Ibid.*

[487] HOCHMANN (Th.), « La réécriture de l'article 24 bis : généalogie d'une étrangeté », *préc.*, p. 110.

constitutionnelle et européenne, peut-on essayer de lui apporter une justification ?

§2. À la recherche d'une justification pour ce critère singulier

161. Depuis les différentes décisions du Conseil constitutionnel ainsi que l'adoption de la loi du 27 février 2017, le critère tenant à la reconnaissance juridictionnelle des crimes niés est au centre de l'incrimination du négationnisme. S'il permet de rendre prévisible l'infraction en identifiant les crimes concernés (**A**), son champ d'application entraine des enjeux dépassant la seule préservation de la mémoire des victimes des crimes niés (**B**).

A. Un intérêt pour délimiter les crimes concernés

162. Comme indiqué précédemment, le critère tenant à la reconnaissance juridictionnelle des crimes niés a été introduit dans la loi afin de répondre à la censure opérée par le Conseil constitutionnel en 2012. Dans sa décision de 2017, les Sages de la rue de Montpensier évoquent ce critère pour en conclure que la disposition qu'ils examinent n'est en réalité pas prévisible. Ainsi, cette condition supplémentaire introduite dans l'extension du délit de négationnisme permet vraisemblablement de satisfaire au principe de légalité criminelle en prévoyant un cadre d'application précis à l'incrimination. Bien que ce critère présente des critiques sur ce point[488], l'on peut au moins lui accorder le fait qu'il permet d'assurer une certaine forme de sécurité juridique, évitant un arbitraire total concernant les

---

[488] V. *infra* n° 171 s.

crimes dont la négation est interdite, d'autant que le crime faisant l'objet de la protection de l'article 24 *bis* ne sera reconnu comme tel qu'après une enquête longue[489] , un débat contradictoire et rendu par une Cour particulière, attestant en principe de la réalité des faits. S'il est vrai que l'infraction ne vise pas à protéger une vérité officielle, le législateur peut considérer que la négation de ces crimes, les plus graves dans notre droit, entraine des conséquences néfastes importantes contre lesquelles il faut lutter justement parce que le négateur vient nier une réalité emplie de souffrances et d'horreurs. En précisant que les crimes niés doivent avoir fait l'objet d'une reconnaissance juridictionnelle, « *le législateur reprend alors à son compte les données établies par le jugement* »[490], ce dernier ne servant alors que de support pour identifier précisément les crimes concernés.

163. Au-delà de ces considérations liées au caractère prévisible de l'infraction, l'on peut émettre l'hypothèse que ce critère pourrait permettre de satisfaire au principe d'égalité. En effet, le Conseil constitutionnel en 2016 a pu déclarer l'article 24 *bis* conforme à la Constitution car il poursuivait l'objectif de lutte contre le racisme et l'antisémitisme posé dans la loi Gayssot. Concernant l'extension du délit, la question se pose alors de savoir quel est l'objectif poursuivi par la loi de 2017 ? La réponse se

---

[489] Le terme « enquête » renvoie ici non seulement à l'enquête menée par le bureau du procureur près la Cour pénale internationale mais aussi aux enquêtes et instructions menées par le parquet et les juges d'instruction en France dans le cadre de sa compétence universelle en matière de crimes contre l'humanité et crimes de guerre.

[490] MATHIEU (B.), LE POURHIET (A.-M.), MELIN-SOUCRALANIEN (F.), LEVADE (A.), PHILIPPE (X.) et ROUSSEAU (D.), « Observations relatives à la loi visant à réprimer la contestation des génocides reconnus par la loi », *Constitutions*, 2012, p. 393.

trouve là encore dans son titre, puisque celle-ci est « *relative à l'égalité et à la citoyenneté* ». Ainsi, et comme l'appelait Michèle-Laure Rassat qui regrettait qu'en 1990 seule la négation des crimes commis durant la Seconde Guerre mondiale était réprimée[491], le législateur a pu vouloir rétablir une forme d'égalité, mais uniquement concernant les crimes les plus graves. Il est vrai qu'en gommant une inégalité le législateur a pu en créer une autre puisque les crimes qui ne sont pas reconnus par une décision de justice ne sont pas concernés, mais c'est très certainement dans un souci de prévisibilité que ce critère a été choisi. Une autre inégalité surgit alors puisque seuls les crimes contre l'humanité et les crimes de guerre sont concernés par cette protection, et pas les autres. Toutefois, cette différence de traitement peut sans doute s'expliquer par la nature même des crimes concernés.

B. Un critère aux enjeux dépassant les seules victimes du crime nié

164. Si l'extension de 2017 ne concerne que les crimes reconnus par une décision de justice, force est de constater que ce critère s'applique à des crimes particuliers, puisqu'il s'agit des crimes les plus graves dans notre droit. Ils ont sans doute un retentissement différent, beaucoup plus large que les seules victimes directes, pouvant ainsi créer un choc particulier au sein d'une communauté, d'une population, d'une religion, d'une société, car de tels crimes portent atteintes aux droits de l'Homme à la portée universelle et

[491] RASSAT (M.-L.), *op. cit.*, p. 872, n° 778.

erga omnes[492]. C'est d'ailleurs peut-être pour rejoindre cette position que la France, que l'on nomme parfois « pays des droits de l'Homme », a décidé d'incriminer la négation de tous ces crimes dès lors qu'ils ont été reconnus par une décision de justice. Ce critère permet donc à la fois d'interdire des propos au contenu grave car remettant en cause une souffrance passée ayant des répercussions au-delà des seules victimes directes, tout en identifiant précisément les crimes concernés et en délimitant le champ temporel de la répression, c'est-à-dire après leur jugement.

165. En raison de leur gravité et de leur retentissement à l'échelle de l'humanité, le législateur a potentiellement voulu mener une lutte en aval de la commission de ces crimes, sur le terrain de la liberté d'expression donc, rejoignant ainsi la formule d'Elie Wiesel selon laquelle « *tolérer le négationnisme, c'est tuer une seconde fois les victimes* ». L'on pourrait considérer que nier ces crimes reviendrait à en partager l'idéologie, et nul ne peut dire que la lutte contre les idéologies génocidaires n'est pas souhaitable. Mais avec cette justification l'on peut prendre le risque de tomber dans un délit d'opinion, car nier un tel crime ne veut pas automatiquement dire en partager l'idéologie, ce que pourrait sous-entendre cette extension qui ne nécessite pas aujourd'hui d'aller sonder l'esprit du négationniste. Il ne s'agit pas ici d'affirmer si oui ou non l'extension entraine l'apparition d'un nouveau délit d'opinion, mais cette question a le mérite d'être posée. En

---

[492] CEDH, 15 oct. 2015, *préc.*, opinion dissidente commune aux juges Spielmann, Casadevall, Berro, de Gaetano, Sicilianos, Silvis et Kūris, §6-7 : « *Minimiser l'importance des propos du requérant en essayant de les cantonner géographiquement conduit à relativiser sérieusement la portée universelle et* erga omnes *des droits de l'homme, qui constitue la quintessence de leur acception contemporaine (...). Il ne nous paraît pas qu'une telle vision reflète les valeurs universelles qui sont consacrées par la Convention* ».

tout cas, à défaut de lutter contre des individus partageant une idéologie génocidaire, l'incrimination du négationnisme pourrait permettre au moins une forme de protection supplémentaire de la mémoire des victimes par la société face à un événement particulièrement marquant. Mais au regard de la nature (pénale) de cette protection, l'on peut comprendre que tous les crimes ne soient pas concernés, car cela entraînerait très certainement une atteinte disproportionnée à la liberté d'expression. D'autant qu'en se fondant sur ce critère pour délimiter précisément les crimes concernés, le législateur s'évite le difficile exercice casuistique d'identification des crimes dont la négation entraine des conséquences graves, échappant alors aux « *tensions qui aliment toute représentation à vocation collective du passé (...) entre groupes sociaux rivaux fort jaloux de leurs reconstructions respectives* »[493].

166. Ainsi, et pour conclure cette section, bien que le Conseil constitutionnel n'ait jamais fondé textuellement ses décisions concernant le négationnisme sur le fait que les crimes niés devaient faire l'objet d'une reconnaissance juridictionnelle, la réalité est tout autre. Par des raisonnements parfois habiles, parfois contradictoires, mais toujours critiquables, les Sages ont laissé croire que ce critère était essentiel. Trompé par ces considérants énigmatiques, le législateur est tombé dans le piège tendu dès 2012 par le Conseil en étendant l'infraction de négationnisme à tous les crimes contre l'humanité reconnus par une décision de justice. Ce critère peut trouver quelques justifications, qui n'entrainent en vérité pas une totale adhésion, d'autant qu'elles ne se comprennent que si l'on raisonne sur une protection des décisions de justice, ce qui

---

[493] ROUSSO (H.), *Le syndrome de Vichy*, Seuil, Paris, 1987, p. 14.

ne doit pourtant pas constituer la raison d'être du délit de négationnisme.

167. Ce chapitre nous a ainsi montré en quoi le Conseil constitutionnel a pu influencer, volontairement ou non, tout le débat jusqu'au point de le détourner de la vraie question à se poser face au négationnisme. L'extension de cette infraction est une revendication ancienne, pouvant aboutir parfois à une lutte des mémoires entre communautés « *pour l'accréditation publique de leur souffrance passée* »[494]. Quoi qu'il en soit, ces revendications ont sans doute atteint le législateur qui a décidé en 2017 d'étendre le délit sous deux acceptions, dont l'une d'entre elles fut censurée par le Conseil, l'autre passant sous le radar de l' « *oracle des libertés* »[495] afin de se préserver d'une contradiction inévitable. Mais à force de jouer aux funambules, les Sages ont peut-être sans le savoir rouvert le débat sur la justification du délit de négationnisme dans son ensemble, tant la *ratio legis* de l'incrimination semble avoir changé.

---

[494] BESSE (Th.), *op. cit.*, p. 158, n° 183.

[495] WACHSMANN (P.), « L'oracle des libertés ne parle qu'une seule fois », *Jus Politicum*, n° 7, 2012.

Chapitre 2 : Prolégomènes pour une modification en profondeur du délit

168. Le critère tenant à la reconnaissance juridictionnelle des crimes niés semble avoir pris une place beaucoup trop importante dans l'infraction de négationnisme. Cet élément, critiquable sur beaucoup de points, semble avoir modifié la raison d'être de l'infraction dans son ensemble, soulevant alors de nouveau la question de la constitutionnalité du délit qui n'est pas forcément acquise contrairement à ce que l'on pourrait penser (**Section 1**). Une fois ce constat établi, vient le temps de se demander si des remèdes sont envisageables. Si en cas d'abrogation future du délit les palliatifs possibles sont limités, des remèdes pourraient être apportés en modifiant, cumulativement, directement l'infraction ainsi que deux faits justificatifs bien connus en droit de la presse (**Section 2**).

Section 1. De nouvelles critiques au soutien d'un futur contrôle constitutionnel

169. Si quelques justifications ont pu être avancées à l'égard de ce nouveau critère aujourd'hui présent dans la loi, il appelle en réalité à beaucoup plus de critiques (**§1**), d'autant que ses conséquences ont peut-être dépassé la seule extension opérée en 2017 pour remettre en cause la *ratio legis* de toute l'infraction, posant alors la question d'un éventuel futur contrôle de constitutionnalité (**§2**).

§1. L'article 24 bis alinéa 2 : la présence d'un critère imparfait aux conséquences néfastes

170. Le nouveau critère introduit dans l'infraction de négationnisme présente bon nombre d'imperfections dans sa conception, alors même qu'il ne semble pas être le seul à pouvoir délimiter précisément les crimes concernés ce qui en fait un choix critiquable (**A**), et ce qui pose *in fine* la question de savoir ce que protège véritablement ce nouvel alinéa incriminant un négationnisme simple (**B**).

A. Appréciation qualitative d'un critère manquant son objectif premier

171. Si cette condition tenant à la reconnaissance juridictionnelle des crimes niés a été adoptée pour remédier à un éventuel manque de prévisibilité de l'incrimination, toute imprévisibilité n'a pas pour autant disparue, bien au contraire. Plusieurs critiques à l'égard de l'extension de 2017 ont déjà pu être formulées[496], mais il s'agit ici de se concentrer surtout sur la condition tenant à la présence d'une décision de justice. Notons en effet que le législateur, en adoptant ce critère, n'a pas jugé important de préciser que les décisions de justice dont il est question doivent être définitives. C'est une situation hypothétique, mais en l'absence de cette précision, peut-on considérer qu'un individu condamné pour crime contre l'humanité mais par une décision qui n'est pas définitive commet le délit de négationnisme en faisant appel ? On peut tout à fait imaginer qu'un individu condamné pour de tels crimes souhaite vouloir faire appel de cette décision afin de contester tout ou partie des faits qui lui sont reprochés ou alors la qualification posée par le juge afin d'éviter ou de

---

[496] V. *supra* n° 142 s.

diminuer une peine certainement très lourde, ce qui peut alors s'apparenter à la négation des crimes qui lui sont reprochés[497]. Il aurait donc été bienvenu que le législateur précise cet élément, alors même qu'il pense à préciser que les décisions en question doivent émaner d'une juridiction française ou internationale. Mais même en apportant cette précision, le législateur oublie d'indiquer si la France doit ou non être partie au traité fondateur de la juridiction internationale ayant rendu la décision, ce qui peut faire évoluer la liste des crimes concernés par cette nouvelle infraction. Notons au surplus que la formulation exclue par principe les juridictions étrangères, sauf à les inclure au sein des juridictions internationales.

172. Mais au-delà de ces questions, un doute encore plus grand peut survenir concernant l'objet de l'incrimination de la négation. En effet, la nécessaire « *détermination de l'objet du jugement* »[498] implique que le juge ne se prononce pas sur un crime contre l'humanité dans son ensemble, sous tous ses aspects, jugeant tous ses auteurs au

---

[497] Pour un exemple, Pascal Simbikangwa fut le premier à être poursuivi et jugé en France pour le génocide commis au Rwanda. Il fut condamné une première fois par la Cour d'assises de Paris à 25 ans de réclusion criminelle avant de faire appel et que sa condamnation soit confirmée et qu'un pourvoi en cassation soit rejetée. Aux audiences, il niait avoir vu quoi que ce soit durant le génocide, ce qui peut revenir à nier ce qui s'était passé, v. not. « Génocide rwandais : à Bobigny, les parties civiles dénoncent le "mépris" de Simbikangwa », *L'Express*, 30 nov. 2016 : « "Comment oser dire que l'on a rien vu, rien entendu, alors qu'il y a eu 67.000 morts dans les rues de Kigali qui était un charnier à ciel ouvert ' J'ai le sentiment d'un crachat au visage des victimes", *s'est émue Rachel Lindon, avocate de la Licra, partie civile au côté de quatre autres ONG (LDH, Survie, CPCR, FIDH). L'avocate a également pointé le fait que Pascal Simbikangwa soit* "allé encore plus loin en prétendant être un Juste". "C'est comme nier l'existence des chambres à gaz et prétendre avoir sauvé un Juif des chambres à gaz", *a-t-elle lancé* ».

[498] THOMAS (Y.), « La vérité, le juge et l'historien », *Le débat*, n° 102, 1998, p. 20.

regard de toutes les victimes, mais seulement et uniquement au regard des faits dont il est saisi qui ne constituent bien souvent qu'une partie du crime. L'on peut alors se demander si en faisant référence aux crimes reconnus par une décision de justice, l'interdiction de leur négation porte sur les faits précis du jugement et/ou la qualification retenue dans celui-ci, ou alors de manière plus générale sur tous les événements impliqués dans le contexte de commission du crime précisément jugé ? Les propos négationnistes peuvent en effet parfois nier tout un crime contre l'humanité, ou au contraire simplement un de ses éléments caractéristiques qui aura pu éventuellement faire l'objet d'une condamnation. La question est importante puisque si l'interdiction ne porte que sur les événements jugés, cela entraine nécessairement une atteinte au principe d'accessibilité en matière pénale tant il sera difficile de savoir quels événements ont ou non été jugés, d'autant que cette liste peut être amenée à évoluer au fil du temps, rendant quelque peu imprévisible l'infraction. Mais même sans cette restriction, chacun devra tout de même savoir si les événements qu'il entend remettre en cause s'inscrivent dans un crime contre l'humanité dont un ou plusieurs de ses composants ont pu faire l'objet d'une décision de justice[499]. En comparaison, la question ne se pose pas concernant la négation des crimes commis durant la Seconde Guerre mondiale puisque le critère tenant à une décision de justice ne sert qu'à identifier les auteurs des crimes niés, et non les crimes eux-mêmes. L'infraction peut alors être caractérisée

---

[499] HOCHMANN (Th.), *Contribution extérieure appelant le Conseil constitutionnel à saisir l'occasion qui lui est donnée de déclarer l'inconstitutionnalité des deuxième et troisième alinéas de l'article 24 bis de la loi du 29 juillet 1881*, p. 7, disponible sur le site du Conseil constitutionnel en marge de la décision Cons. const., 18 juin 2020, n° 2020-801 DC.

alors même que les propos négationnistes portent sur un événement qui n'a jamais été jugé[500].

173. Ainsi, alors même que le critère a été adopté pour que l'extension du délit de négationnisme respecte le principe de légalité criminelle, le législateur a peut-être, pensant bien faire, porté une atteinte indéniable à ce même principe. D'autant que si le fondement de la censure en 2017 tient à « *l'absence d'identification juridictionnelle des crimes niés* »[501], cette identification « *ne se confond pas avec ce critère* »[502]. En effet, le législateur peut interdire la négation du génocide des Arméniens par exemple, cette formulation étant tout à fait précise sans que le Conseil constitutionnel n'y trouve quelque chose à redire sur le terrain de la prévisibilité. D'autant que la plupart des États étrangers incriminant le négationnisme définissent le champ d'application de l'infraction de la sorte[503].

174. Tout cela montre bien que « *le critère de la décision de justice n'accuse donc aucune supériorité qualitative par rapport à d'autres critères : il ne confère point au génocide valeur de vérité intangible. L'ériger en élément matériel constitutif du crime de négationnisme relève d'un choix législatif, et non point d'un attribut intrinsèque de cette*

---

[500] V. *supra* n° 54. Il est vrai que cette critique peut s'appliquer à l'article 24 *bis* originel puisque la difficulté n'est que déportée car il faudra savoir si un événement que l'on entend remettre en cause a été réalisé par un auteur condamné. Mais il est tout de même plus simple de savoir cela au regard des circonstances de la Seconde Guerre mondiale, puisque presque tout événement a de près ou de loin été commis par l'un des auteurs visés par le texte d'incrimination.

[501] HOCHMANN (Th.), « Pas de lunettes sous les œillères : le Conseil constitutionnel et le négationnisme », *RDLF*, 2017, chron. n° 06.

[502] *Ibid.*

[503] V. *supra* n° 58.

infraction »[504]. On en arrive donc à une « *disposition excessivement large* »[505] manquant de précision, ce qui engendre nécessairement une atteinte au principe de légalité criminelle et à la liberté d'expression alors même que d'autres critères sont possibles pour déterminer avec exactitude le champ d'application de l'infraction. Ce critère a certes été adopté en réponse aux décisions du Conseil constitutionnel, mais il l'a aussi été au regard[506] de la décision-cadre du 28 novembre 2008[507] qui « *commande la pénalisation du négationnisme en tant qu'il incite au racisme* »[508]. Cependant cette incitation ne fait nullement partie de l'extension de l'article 24 *bis*, puisque le pan qui réprimait cette incitation dans la loi adoptée est celui qui a été censuré. Mais même abstraction faite de cette censure, il est fort surprenant de voir la décision-cadre évoquée dans les débats parlementaires, puisque là où elle commande que les États incriminent seulement un négationnisme qualifié, l'extension prévue et adoptée était scindée en deux, comme si la reconnaissance du crime nié par une juridiction

---

[504] HOCHMANN (Th.) et KASPARIAN (P.), « Peut-on incriminer d'autres négationnismes que celui de la Shoah ? », *in* HOCHMANN (Th.) et KASPARIAN (P.) (dir.), *L'extension du délit de négationnisme*, LGDJ, Institut Universitaire Varenne, coll. « Transition & Justice », 2019, p. 11.

[505] HOCHMANN (Th.), « Vingt ans après sa reconnaissance au Parlement, le génocide des Arméniens est le seul qui échappe à la loi », *Le Monde*, 29 janv. 2021.

[506] V. not. *JOAN* n° 72, 2ème séance du 1er juillet 2016, pp. 5106 s. ; *JOS* n° 93, séance du 14 octobre 2016, pp. 15084 s.

[507] Décision-cadre 2008/913/JAI du Conseil du 28 novembre 2008 sur la lutte contre certaines formes et manifestations de racisme et de xénophobie au moyen du droit pénal. Notons que la décision-cadre précise quant à elle que les décisions juridictionnelles doivent être définitives.

[508] DROIN (N.), « L'article 24 *bis* sanctionnant le délit de négationnisme : toujours discuté, toujours discutable ? », *in* HOCHMANN (Th.) et KASPARIAN (P.) (dir.), *op. cit.*, p. 78.

suffisait à justifier la répression de cette négation au regard de la décision-cadre. D'autant que cette dernière « *n'exige pas des États membres qu'ils rendent punissable en soi le négationnisme, le crime ou délit de négationnisme semblant intégrer la catégorie plus large du crime ou délit d'incitation à la haine ou à la violence* »[509] dont la seule incrimination suffit pour respecter la décision. En étendant le délit de négationnisme à tous les crimes contre l'humanité selon un critère qui dépend de leur reconnaissance juridictionnelle, le législateur donne l'impression que leur négation entraine des conséquences qui émanent directement du non-respect de la chose jugée, rendant ainsi l'objectif de l'infraction fortement critiquable.

B. Une atteinte délétère à la liberté d'expression au nom d'une protection des décisions de justice

175. La négation d'un crime peut éventuellement revenir à partager l'idéologie de ses perpétrateurs en incitant alors à la haine ou à la violence en niant la souffrance d'autrui. Si de telles conséquences sont tout de même incertaines, elles le sont encore plus lorsqu'il s'agit de la seule qualification juridique des faits. Nier cette qualification ne veut pas dire nier les faits en eux-mêmes en incitant à la haine, d'autant que nier la qualification juridique des faits revient dans un sens à reconnaitre la réalité de ceux-ci. Cette distinction n'est pas heureuse à faire lorsqu'il s'agit des crimes commis durant la Seconde Guerre mondiale, puisque leur négation incite systématiquement à la haine ou à la violence selon le Conseil constitutionnel et la Cour européenne des droits de l'Homme, rendant ainsi toute distinction inutile. Mais puisqu'il s'agit ici d'une négation concernant beaucoup plus de crimes et selon un critère qui

---

[509] *Ibid.*

ne dit rien de l'incitation que doit contenir de tels propos, une différence, de degré et non de nature, peut alors être réalisée, tant la négation des faits peut contenir « plus facilement » une telle incitation que la négation de leur qualification juridique.

176. De plus, en incriminant la négation des crimes reconnus par une décision de justice sans rien dire de l'incitation que les propos doivent véhiculer, le législateur donne l'impression que ce sont les décisions elles-mêmes qui sont protégées. Cette impression est regrettable tant « *le fait que le crime nié ait fait l'objet d'une condamnation juridictionnelle ne revêt aucune espèce de pertinence* » car « *il n'existe aucun lien logique entre le fait qu'un crime ait été établi par un tribunal, et le fait que sa négation produise des conséquences dommageables* »[510]. En effet, à la question de savoir « *si toute contestation de crimes contre l'humanité est systématiquement animée d'intentions racistes ou antisémites* »[511] lorsqu'ils sont reconnus judiciairement, la réponse est très certainement négative « *dès lors qu'on ne voit pas bien en quoi la négation d'un crime qualifié comme tel par le juge serait plus grave, plus*

---

[510] HOCHMANN (Th.), « Le Conseil constitutionnel et l'art de la suggestion. À propos du critère de la condamnation juridictionnelle du crime nié », *in* HOCHMANN (Th.) et KASPARIAN (P.) (dir.), *op. cit.*, p. 45.

[511] BESSE (Th.), « Contestation de crimes contre l'humanité », *in* « Dix ans de QPC en droit pénal de l'expression et de la communication », Titre VII [en ligne], Hors-série, QPC 2020 : les dix ans de la question citoyenne, octobre 2020 :
https://www.conseil-constitutionnel.fr/publications/titre-vii/dix-ans-de-qpc-en-droit-penal-de-l-expression-et-de-la-communication

haineuse ou plus raciste, que la négation d'un crime »[512] identifié selon d'autres critères.

177. Ainsi, même si le législateur peut incriminer un négationnisme simple, c'est-à-dire un négationnisme qui ne fait que nier des faits sans qu'une communauté ne soit précisément visée, c'est à la condition que ces propos entrainent des conséquences néfastes pour que leur incrimination soit justifiée au regard de la liberté d'expression. Si le critère choisi en 2017 peut permettre de délimiter de manière plus ou moins précise le champ d'application du délit, justifiant ainsi son adoption, c'est bien le silence du législateur sur les conséquences néfastes que les propos doivent avoir qui est critiquable. Ainsi, au regard de ce mutisme, c'est bel et bien l'impression donnée par le législateur de réprimer non plus des propos incitant à la haine ou à la violence mais de protéger des décisions de justice qui semble aujourd'hui animer l'infraction de négationnisme, du moins l'article 24 *bis* en son deuxième alinéa. Ce critère présent dans la loi « *tend à déplacer l'objectif de l'incrimination de la lutte contre les discours haineux vers la protection de l'autorité d'une décision de Justice* »[513], ce qui est fortement critiquable. En vérité, il semble possible d'affirmer qu'il pourrait exister aujourd'hui dans l'article 24 *bis* deux infractions bien distinctes aux justifications très différentes. Si la *ratio legis* du premier alinéa concernant la négation des crimes nazis est de lutter contre les propos racistes et antisémites, sous réserves de nos futurs développements[514], force est de constater que l'alinéa 2 protège en réalité les décisions de justice.

---

[512] ROBLOT-TROIZIER (A.) et TUSSEAU (G.), « Chronique de jurisprudence – Droit administratif et droit constitutionnel », *RFDA*, 2017, p. 561.
[513] BESSE (Th.), *préc.*
[514] V. *infra* n° 181 s.

178. Mais en fondant la répression du négationnisme sur ce critère, le législateur semble déjà « *confondre l'autorité de la chose jugée et la vérité de la chose jugée* »[515] ce qui pourrait laisser croire que la vérité judiciaire est promue au rang de vérité officielle puisque enduite de l'onction législative par le biais de cette infraction. Il est donc tout à fait étonnant de réprimer la négation des crimes reconnus par une décision de justice, quand justement cette chose jugée si « *elle s'impose aux parties au procès et son application ne peut être remise en cause* », elle ne constitue « *qu'une vérité, et non pas LA vérité* »[516]. Ensuite, si là est le vrai objectif de l'infraction, alors le Code pénal contient déjà une incrimination permettant une telle protection puisque c'est l'objet de l'article 434-5 qui réprime le discrédit jeté sur une décision de justice.

179. Il semble toutefois difficile de concevoir que tel était l'objectif initial du législateur, mais c'est sans hésitation ce que l'infraction protège aujourd'hui. La *ratio legis* de l'extension de 2017 se comprenait à la lecture des deux alternatives proposées par le législateur afin de rétablir une forme d'égalité entre les victimes et leurs descendants au nom d'une protection universelle des droits de l'Homme en incriminant la négation de tous les crimes contre l'humanité qu'ils aient été ou non reconnus comme tels par une décision de justice. Mais en censurant un pan de cette extension et au regard des différents raisonnements qu'il a pu adopter en 2012, 2016 et 2017, le Conseil constitutionnel a modifié sans s'en rendre compte l'objectif final de l'extension aujourd'hui en vigueur, et partant peut-être bien l'article 24 *bis* dans son ensemble.

---

515 SAFI (F.), « À la recherche d'un fondement à l'incrimination du négationnisme », *D.*, 2017, p. 686.

516 *Ibid.*

§2. L'article 24 bis *alinéa 1er : un délit altéré par son extension*

180. La protection des décisions de justice semble aujourd'hui fonder la répression du négationnisme dans son ensemble, ce qui modifie en profondeur la raison d'être même de l'incrimination s'agissant des crimes commis durant la Seconde Guerre mondiale (**A**). Se pose alors la question de savoir si une saisine du Conseil constitutionnel est toujours envisageable malgré sa décision de 2016 pour éventuellement soumettre à son contrôle les justifications qui semblent être à la base de l'incrimination aujourd'hui (**B**).

A. Le discutable changement de *ratio legis* de l'incrimination

181. Si le deuxième alinéa de l'article 24 *bis* a pour objectif de protéger en réalité les décisions de justice malgré la volonté initiale du législateur, l'on pourrait tout à fait se dire que tel n'est pas le cas concernant le négationnisme des crimes commis durant la Seconde Guerre mondiale. Mais puisque la question se pose avec vigueur concernant le nouvel alinéa 2 de l'article 24 *bis*, la même question peut se poser aujourd'hui à l'encontre de l'infraction originelle : protège-t-elle désormais principalement mais implicitement les décisions du Tribunal de Nuremberg[517] ? La réponse est peut-être bien positive, et ce pour deux raisons.

182. La première réside sans aucun doute dans l'extension de l'incrimination au regard de l'objectif réel de celle-ci, et ce notamment en raison de la décision du

---

[517] Sans pour autant s'y cantonner au regard de sa structure.

Conseil constitutionnel de 2017. Comme le note Farah Safi, « *l'étude de l'argumentation avancée par le Conseil pour déclarer le dernier alinéa du 2° de l'article 173 contraire à la Constitution semble abandonner les justifications de la distinction entre le génocide des Juifs et les autres génocides qui se placent sur le terrain de l'incitation à la haine raciale : il est possible d'affirmer que, désormais, la répression de la négation d'un crime contre l'humanité n'est justifiée que lorsque ce crime est qualifié comme tel par un juge* »[518], ce que laisse entendre le dernier considérant du Conseil en ne reprenant que cet argument pour justifier la déclaration d'inconstitutionnalité. Cette auteure en arrive donc au constat sans appel que « *la* ratio legis *de l'incrimination change : on n'est plus dans le cadre de la lutte contre le racisme et l'antisémitisme, mais dans le cadre de la protection de l'autorité d'une décision de justice* »[519]. Ainsi, à voir trop souvent et de manière fausse la particularité de l'incrimination du négationnisme du génocide des juifs dans sa reconnaissance juridictionnelle, le Conseil, soutenu en ce sens par la Cour européenne des droits de l'Homme et une partie de la doctrine et des parlementaires, a modifié considérablement l'objectif réel de l'infraction.

183. Une deuxième raison vient compléter la première, et elle tient elle aussi dans la loi du 27 janvier 2017 par laquelle le législateur est également venu modifier l'article 24 de la loi du 29 juillet 1881 concernant l'apologie des crimes contre l'humanité et crimes de guerre. Le parallèle entre les deux infractions est intéressant à établir, car même

---

[518] SAFI (F.), *préc.*

[519] *Ibid.*

si tout le monde n'est pas d'accord avec cette analyse[520], certains auteurs ont pu avancer l'idée que le négationnisme pouvait peut-être être « *considéré comme constituant une apologie implicite des crimes contre l'humanité* »[521], un auteur allant même jusqu'à qualifier l'infraction « *d'apologie négative* »[522], idée que d'autres partagent[523]. Si cette analogie est très certainement critiquable à l'encontre de l'extension de l'infraction introduite en 2017, elle est tout à fait pertinente à l'encontre des propos niant les crimes commis durant la Seconde Guerre mondiale, tant « *l'expression des thèses niant l'existence des crimes contre l'humanité perpétrés par les nazis fait, d'une façon insidieuse, l'apologie de la doctrine nationale-socialiste, et représente une véritable menace pour la démocratie* »[524]. Mais pourquoi comparer les deux infractions ? Parce que la

---

520 SAFI (F.), J-Cl. Communication, Fasc. 24, *Prosélytisme et liberté d'expression*, n° 55 : « *Leur apologie s'apparente, aux yeux du législateur, à une sorte de propagande indirecte en faveur de tels actes racistes – ce qui ne semble pas autoriser, pour autant, d'évoquer pour définir le négationnisme « une apologie négative » »*.

521 DE LAMY (B.), *La liberté d'opinion et le droit pénal*, LGDJ, 2000, p. 366, voir note 1133.

522 THIERRY (J.-B.), J-Cl. Lois pénales spéciales, Fasc. 60, *Presse et communication*, n° 54.

523 AUVRET (P.), « La répression de l'apologie dans le cadre de l'article 24 de la loi sur la presse », *in* DROIN (N.) et JEAN-BAPTISTE (W.) (dir.), *La réécriture de la loi sur la presse du 29 juillet 1881 : une nécessité ?*, LGDJ, 2017, p. 97 : « *En niant l'existence de ces crimes on entend justifier, voire glorifier, les actes et leurs auteurs* ». V. aussi BESSE (Th.), *La pénalisation de l'expression publique*, LGDJ, Institut Francophone pour la Justice et la Démocratie, 2019, p. 149, n° 168 : en faisant référence à l'intervention de Patrick Auvret ci-dessus, Thomas Besse parle quant à lui d' « *apologie à rebours* ».

524 DROIN (N.), *Les limitations à la liberté d'expression dans la loi sur la presse du 29 juillet 1881. Disparition, permanence et résurgence du délit d'opinion*, Institut Universitaire Varenne, LGDJ, coll. « Collection des Thèses », n° 35, 2010, p. 247, n° 283.

loi du 27 janvier 2017 dans son article 173 est venue ajouter à l'alinéa 5 de l'article 24 de la loi de 1881 des mots qui questionnent fortement, puisque désormais seront punis ceux qui « *auront fait l'apologie des crimes visés au premier alinéa, des crimes de guerre, des crimes contre l'humanité, des crimes de réduction en esclavage ou d'exploitation d'une personne réduite en esclavage ou des crimes et délits de collaboration avec l'ennemi, y compris si ces crimes n'ont pas donné lieu à la condamnation de leurs auteurs* »[525]. Cette précision apportée par le législateur est alors très intéressante, car en faisant référence à la condamnation des auteurs et non des crimes eux-mêmes, il renforce cette proximité entre l'article 24 et l'article 24 *bis* alinéa 1er puisque c'est ce critère qui est présent pour délimiter précisément les crimes concernés par l'infraction. En tout cas, le Conseil n'a pas décidé de se saisir de cette modification, sans doute parce que « *dans la stratégie de communication du Conseil, il n'était guère bienvenu de confirmer la constitutionnalité d'une disposition qui exclut explicitement le critère de la condamnation juridictionnelle du crime* »[526]. En effet, l'on peut facilement concevoir que l'apologie d'un crime entraine des conséquences néfastes justifiant son incrimination indépendamment de sa reconnaissance par une juridiction. Mais à l'inverse, on peut difficilement comprendre en quoi la reconnaissance d'un crime par une juridiction justifie l'interdiction de sa négation sans que se pose la question des conséquences préjudiciables que de tels propos peuvent entrainer.

184. Ainsi, par cette modification de l'article 24 de la loi de 1881, le législateur renforce l'idée que là où l'apologie

---

[525] Art. 24 al. 5 de la loi du 29 juillet 1881 sur la liberté de la presse, nous soulignons l'apport de la loi de 2017.
[526] HOCHMANN (Th.), *préc.*, p. 56.

de crimes contre l'humanité peut entrainer des conséquences préjudiciables indépendamment de toute reconnaissance juridictionnelle, tel n'est pas le cas concernant le négationnisme dont l'incrimination se trouve alors uniquement justifiée par ce critère. C'est donc à la lecture combinée du nouvel article 24 et des trois décisions du Conseil constitutionnel que l'on peut en conclure définitivement que la *ratio legis* de tout l'article 24 *bis* a pu changer, l'incrimination reposant « *désormais sur le respect de l'autorité d'une décision de justice et non plus sur la lutte contre le racisme* »[527]. De ce constat, pourrait-on alors saisir de nouveau le Conseil constitutionnel pour qu'il contrôle cet article ?

B. Une possible future saisine du Conseil constitutionnel à l'étendue incertaine

185. Au regard de toutes les critiques faites jusqu'à présent à l'égard de l'extension opérée en 2017, ainsi que ce qui nous semble être une modification de la *ratio legis* de l'incrimination dans son ensemble, la constitutionnalité de l'article 24 *bis* pose question. Mais une telle saisine du Conseil constitutionnel est-elle encore envisageable ? La question aurait pu trouver une réponse il y a deux ans au moment du contrôle de la loi dite Avia[528] par le Conseil constitutionnel le 18 juin 2020[529]. Comme le soulignait d'ailleurs Thomas Hochmann dans sa contribution extérieure à l'occasion de ce contrôle, le Conseil constitutionnel peut tout à fait contrôler une disposition déjà promulguée « *à l'occasion de l'examen de dispositions*

---

[527] SAFI (F.), « À la recherche d'un fondement à l'incrimination du négationnisme », *préc.*

[528] Loi n° 2020-766 du 24 juin 2020 *visant à lutter contre les contenus haineux sur internet*, JORF n° 0156 du 25 juin 2020.

[529] Cons. const., 18 juin 2020, n° 2020-801 DC.

législatives qui la modifient, la complètent ou affectent son domaine »[530]. Cette jurisprudence dite « État d'urgence en Nouvelle-Calédonie » était en l'espèce tout à fait applicable car la loi déférée venait compléter les sanctions pénales prévues à l'article 24 *bis* en obligeant la suppression des propos négationnistes publiés sur internet sous vingt-quatre heures. Cependant, le Conseil constitutionnel refusa de se saisir de cette occasion laissant donc toujours planer un doute sur la constitutionnalité du délit. L'adoption d'une prochaine loi venant modifier, compléter ou affecter le domaine de l'article 24 *bis* serait donc peut-être une nouvelle opportunité pour le Conseil de se saisir de la question[531], sans que rien ne soit sûr pour autant.

186. Une question subsiste cependant sur le domaine de cet éventuel contrôle. En effet, l'on peut se demander si seule l'extension de 2017 serait concernée par une éventuelle future auto-saisine de la part du Conseil, ou s'il pourrait se saisir de l'article 24 *bis* dans sa globalité. La réponse est sans doute celle d'une saisine limitée, puisque le Conseil a pu se prononcer sur la constitutionnalité du premier alinéa, là où la jurisprudence État d'urgence en Nouvelle-Calédonie « *permet au Conseil constitutionnel d'examiner la conformité à la Constitution d'une loi promulguée par voie d'exception à l'occasion du contrôle* a priori *d'une loi qui la modifie, la complète ou en affecte le domaine* »[532]. Il s'agit donc bien de contrôler une loi qui

---

[530] Cons. const., 25 janv. 1985, n° 85-187 DC, cons. 10.

[531] D'autant que la loi Avia fut censurée en très grande partie par le Conseil constitutionnel, ce qui peut éventuellement entrainer l'adoption d'une nouvelle loi au contenu similaire par le législateur tout en palliant les défauts pointés par les Sages, dont peut-être une disposition concernant l'article 24 *bis*.

[532] SÉNAC (C.-E.), « Le renouveau de la jurisprudence État d'urgence en Nouvelle-Calédonie », *RDP*, 2013, pp. 1453-1488.

ne l'a jamais été, comme c'est le cas du deuxième alinéa de l'article 24 *bis*.

187. En effet, bien que la décision du Conseil constitutionnel en 2017 soit venue censurer une partie de l'extension souhaitée par le législateur, il ne s'est pas prononcé à l'égard de l'autre partie qui est aujourd'hui en vigueur[533]. Pourrait-on alors envisager de soulever à l'avenir une QPC concernant ce délit ? Au regard des dispositions concernant la saisine *a posteriori* du Conseil constitutionnel, seules sont exclues de cette saisine les dispositions qui ont déjà été déclarées constitutionnelles « *dans les motifs et le dispositif d'une décision du Conseil constitutionnel* »[534]. Tel est le cas de l'alinéa 1er de l'article 24 *bis* à la suite de la décision du 8 janvier 2016, mais tel n'est donc pas le cas concernant l'alinéa 2, 1° de cet article puisque la disposition n'est pas visée dans la décision de 2017, que ce soit dans ses motifs ou son dispositif.

188. Notons cependant que cette exclusion de principe des dispositions déjà déclarées constitutionnelles d'une future saisine *a posteriori* du Conseil constitutionnel comporte une exception tenant au « *changement des circonstances* »[535]. Les Sages ont alors pu relever que cette réserve « *conduit à ce qu'une disposition législative déclarée conforme à la Constitution (...) soit de nouveau*

---

533 Contrairement à ce que pense Michèle-Laure Rassat, v. RASSAT (M.-L.), *Droit pénal spécial*, Dalloz, coll. Précis, 8ème éd., 2018, p. 873, n° 778.

534 Art. 23-2 al. 3 de l'ordonnance du 7 novembre 1958 *portant loi organique sur le Conseil constitutionnel*, JORF du 9 novembre 1958, version en vigueur depuis le 1er mars 2010 avec l'adoption de la Loi organique n° 2009-1523 du 10 décembre 2009 *relative à l'application de l'article 61-1 de la Constitution*, JORF n° 0287 du 11 décembre 2009.

535 *Ibid.*

soumise à son examen lorsqu'un tel réexamen est justifié par des changements intervenus, depuis la précédente décision, (...) dans les circonstances, de droit ou de fait, qui affectent la portée de la disposition législative critiquée »[536]. Le changement de circonstances de fait renvoie à l'évolution du contexte dans lequel la société évolue ; le changement de circonstances de droit fait référence quant à lui à une modification juridique au sens large, c'est-à-dire tant à la modification de la loi qu'à des revirements jurisprudentiels ou encore à la participation de la France a un traité international par exemple. Partant, au regard des modifications apportées à l'article 24 *bis* par la loi du 27 janvier 2017, ainsi que de la modification de la *ratio legis* qui en découle et qui concerne toute l'infraction, un changement de circonstances de droit est-il identifiable ? La réponse est incertaine, et il serait difficile de se substituer à l'appréciation de la Cour de cassation et du Conseil constitutionnel dans l'évaluation de ce critère. Mais la question mérite d'être posée, tant les modifications concernant l'esprit et le texte de l'article 24 *bis* sont au carrefour de plusieurs critères qui pourraient permettre un examen complet de l'incrimination par le Conseil constitutionnel.

189. Notons cependant que la chambre criminelle de la Cour de cassation a pu être saisie d'une nouvelle QPC en 2018 qui entendait remettre en cause l'article 24 *bis* tel que modifié en 2017, alors même que l'auteur a été condamné sur le fondement de l'alinéa 1er de cet article[537]. Cette question fut toutefois rejetée par la Cour qui, après avoir constaté la déclaration de constitutionnalité de 2016, a pu considérer que « *ni la loi n° 2017-86 du 27 janvier 2017 (...), ni la décision n° 2016-745 DC du 26 janvier*

---

[536] Cons. const., 3 déc. 2009, n° 2009-595 DC.

[537] Cass. crim., 8 août 2018, n° 18-84.282, inédit (P. D'hondt).

2017 rendue par le Conseil constitutionnel sur cette modification législative, ni aucune autre circonstance de droit ou de fait n'est de nature à constituer un changement (...), justifiant que l'article 24 bis *de la loi du 29 juillet 1881, dans sa rédaction applicable aux faits objet de la poursuite, soit de nouveau soumis à l'examen du juge constitutionnel* ». Cette argumentation est quelque peu maladroite, car la Cour invoque la loi de 2017 ainsi que la décision du Conseil constitutionnel afférente pour ensuite se fonder sur l'article 24 *bis* tel qu'il était rédigé avant l'entrée en vigueur de cette loi, ce qui nécessairement pose un souci de temporalité. Ainsi, malgré ce que l'on pourrait croire, la décision de la Cour de cassation ne semble pas couper court à toute future QPC à l'encontre du délit. En effet, la chambre criminelle précise bien que la QPC est rejetée, mais au regard de l'article 24 *bis* alinéa 1er tel que rédigé avant l'entrée en vigueur de la loi du 27 janvier 2017. Nous voyons donc cette décision comme une porte laissée ouverte par la Cour, intentionnellement ou non, afin qu'un futur requérant puisse contester la constitutionnalité du délit dans son ensemble, mais à la condition *sine qua none* qu'il ait été poursuivi sur le fondement de l'article 24 *bis* après sa modification de 2017.

190. C'est en tout cas une lecture que l'on peut faire de cette décision, mais même dans cette hypothèse l'on peut s'interroger sur la portée de cette éventuelle future QPC. La Cour de cassation décidera-t-elle de renvoyer une question portant sur tout l'article ou seulement sur son deuxième alinéa, et *in fine*, le Conseil constitutionnel se prononcera-t-il à l'égard de l'ensemble de l'article 24 *bis* ? Notons cependant que si le Conseil en vient à examiner les deux alinéas, et qu'il les déclare inconstitutionnels, il s'agira alors d'une victoire retentissante pour les négationnistes. Mais même si seulement le deuxième alinéa venait à être censuré, cette décision raviverait sans aucun doute les critiques adressées à l'encontre de l'incrimination de la négation des crimes commis durant la Seconde Guerre mondiale, ce qui aurait pour effet de renforcer le discours de « *ceux qui s'autoproclament martyrs de la liberté d'expression* »[538].

191. Ainsi, et pour conclure cette section, il est tout à fait criant que le critère introduit dans le deuxième alinéa de l'article 24 *bis* est contestable sur bien des points. Son manque de précision, la confusion qu'il engendre, mais aussi ses conséquences sur toute l'infraction font de lui un élément remettant en doute la constitutionnalité du délit de négationnisme. Un futur contrôle de constitutionnalité n'est pas impossible, notamment concernant le deuxième alinéa de l'article puisque celui-ci n'a jamais fait l'objet d'un tel contrôle par le Conseil constitutionnel. Une saisine « *a priori* par voie d'exception » est alors possible en cas d'adoption d'une loi venant modifier, compléter ou affecter l'article 24 *bis*, tout comme une future QPC sur ce deuxième alinéa est envisageable. La question est plus complexe concernant le premier alinéa de l'article, puisque déjà déclaré constitutionnel en 2016. Les chances d'un contrôle plein et entier de l'article 24 *bis* de la part du Conseil constitutionnel sont alors minces, sauf à identifier un changement de circonstances à l'encontre du délit. Mais force est de constater que l'argument principal tient au changement de *ratio legis* de l'infraction, qui n'est soutenu pour le moment qu'en doctrine, et pourra être écarté pour rejeter une future QPC. Mais sans même attendre une future décision hypothétique du Conseil, peut-on déjà imaginer quelques palliatifs à toutes ces remarques ?

---

[538] BESSE (Th.), *op. cit.*, p. 168, n° 193.

Section 2. Dépasser les critiques pour une meilleure protection de la liberté d'expression

192. Face à toutes les critiques jusque-là évoquées, l'on peut se demander s'il existe ou non des palliatifs possibles à l'incrimination du négationnisme. Pour répondre à cette question, il semble nécessaire de distinguer la situation où l'infraction viendrait à être abrogée, que ce soit par le législateur ou alors par le Conseil constitutionnel (**§1**), de la situation où l'infraction subsisterait mais pourrait alors connaitre quelques modifications, de fond et de forme (**§2**).

§1. Dépassement par l'abrogation : lutter contre le négationnisme sans passer par l'infraction de négationnisme

193. En cas d'abrogation future de l'article 24 *bis*, plusieurs palliatifs sont envisageables. Certains existent déjà puisque fondés sur des délits bien connus avant l'entrée en vigueur de la loi Gayssot et sur l'intervention du juge civil à titre subsidiaire (**A**). Mais il en est peut-être un qui n'est qu'au stade de la proposition doctrinale et qui pourtant mérite d'être évoqué (**B**).

A. Les palliatifs actuels : une remobilisation des « délits classiques » et du juge civil

194. La première des possibilités en cas d'abrogation de l'article 24 *bis* serait de remobiliser les infractions de la loi Pleven, ce que soutient d'ailleurs Jean-Pierre

Marguénaud[539] ainsi que Thomas Besse pour qui « *la répression du négationnisme gagne[rait] en légitimité en remobilisant les délits « classiques » d'expression haineuse dans leur pleine potentialité* »[540]. En effet, pour ce dernier, « *les propos qui, tout en contestant l'existence des crimes de masse les plus abominables, imputent de façon grossière aux groupes de personnes qui en sont les victimes la propagation d'un mensonge s'ajoutant aux nombreuses manipulations que leur nature fondamentalement mauvaise les pousserait à exercer sur les autres groupes, doivent pouvoir être aisément réprimés sur le fondement des infractions d'injure, de diffamation et de provocation à caractère raciste* »[541]. Nathalie Droin note en effet une certaine proximité entre le délit de négationnisme des crimes commis durant la Seconde Guerre mondiale et les autres infractions de lutte contre les discours haineux. Le délit de négationnisme originel est tout d'abord proche du délit de diffamation raciale puisqu'il « *repose bien sur l'imputation d'un fait – l'inexistence du génocide – qui porte atteinte à la réputation d'autrui puisqu'il accuse les juifs, mais également certains historiens, d'avoir menti, et nie la souffrance des premiers* »[542]. Il est aussi proche du délit de provocation à la violence et à la haine raciale puisqu' « *en tant que forme « moderne » de l'antisémitisme, il est une sorte d'incitation à la haine raciale* »[543]. Jacques Francillon évoque quant à lui la notion de « *négation-injure* » qui renvoie à « *l'offense faite aux*

---

[539] MARGUÉNAUD (J.-P.), « La Cour européenne des droits de l'Homme à l'épreuve du négationnisme », *in* HOCHMANN (Th.) et KASPARIAN (P.) (dir.), *op. cit.*, p. 33.
[540] BESSE (Th.), *op. cit.*, p. 164, n° 187.
[541] *Ibid.*, p. 168, n° 193.
[542] DROIN (N.), *op. cit.*, p. 271, n° 303.
[543] *Ibid.*

victimes, avec l'intention de les blesser »[544], rapprochant ainsi le délit de négationnisme à celui d'injure raciale.

195. Toutefois, et comme déjà évoqué, la raison de l'adoption de la loi Gayssot réside dans la difficile applicabilité de ces infractions face à certaines situations où les négateurs ont pu réussir à adapter leurs discours afin d'échapper à toute répression[545]. Mais pour Thomas Besse, cette répression sur le fondement des infractions de la loi Pleven « *doit également pouvoir être étendue à certains cas « limites », dans lesquels le sous-entendu ne laisse que peu de doutes quant à l'intention de nuire de l'auteur en vertu de la plasticité*[546] »[547] de ces infractions. De plus, cet auteur invite à ce que les éventuelles thèses négationnistes qui ne pourraient être réprimées selon la voie pénale, fassent l'objet « *d'une réfutation unanime de leurs pauvres arguments par le débat scientifique, historique, juridique et politique* »[548].

196. Toutefois, la question se pose de savoir si l'on ne pourrait pas remobiliser le juge civil sur le fondement de la faute civile délictuelle concernant ces thèses sournoises échappant à toute répression pénale ? Ce passage par la voie civile ne serait que subsidiaire, puisqu'en application de la jurisprudence de la Cour de cassation la voie pénale est prioritaire en matière de presse[549]. Mais ce passage par le juge civil permettrait de compléter pleinement l'arsenal législatif à disposition pour lutter contre « *les propos*

---

[544] FRANCILLON (J.), « Infractions de presse : délit de contestation de crimes contre l'humanité », *RSC*, 1998, p. 576.
[545] V. *supra* n° 35.
[546] À ce sujet, v. BESSE (Th.), *op. cit.*, pp. 132 s.
[547] *Ibid.*, p. 168, n° 193.
[548] *Ibid.*
[549] Cass. ass. plén., 12 juill. 2000, Bull. n° 8 (2 arrêts).

faussement scientifiques, dubitatifs, nuancés »[550], d'autant que ce fut initialement le juge civil qui a pu être saisi des propos négationnistes avant 1990[551]. Roger Errera considérait d'ailleurs à cette époque que « *l'action civile intentée par les associations qualifiées suffit ici et permet aux tribunaux une plus grande souplesse d'action (...). Mêler le juge pénal à ce combat indispensable est inutile et risque de s'avérer décevant* »[552].

197. Cependant, cette mobilisation du juge civil n'est pas sans entrainer certaines critiques qui n'ont pas manqué d'être soulevées au fil des affaires avant l'adoption de la loi Gayssot. En effet, le juge civil s'est retrouvé confronté à des individus qui avançaient le caractère scientifique de leurs recherches historiques pour justifier leurs propos. Le juge s'est alors trouvé dans cette délicate situation où il devait juger des propos niant des crimes graves sans pour autant trancher, sur le fond, les débats historiques, ce qu'il a toujours refusé de faire[553]. Mais « *cette réticence à se prononcer sur la réalité même des faits, dès lors qu'il s'agit d'histoire, conduit à cet étrange résultat que, pour mieux respecter la souveraineté de l'historien sur son objet, les juges finissent par contrôler sa méthode* »[554]. C'est en effet « *la méthode utilisée par l'auteur des propos* »[555] qui en

---

550 BESSE (Th.), « Contestation de crimes contre l'humanité », *préc.*

551 CA Paris, 26 avril 1983, JurisData n° 1983-022887 (R. Faurisson) : condamnation sur le fondement de l'article 1240 (1382 ancien) du Code civil en raison des positions « *aussi blessantes pour les survivants des persécutions raciales et de la déportation qu'outrageantes pour la mémoire des victimes, dont le grand public se trouve incité à méconnaître les souffrances, si ce n'est à les mettre en doute* ».

552 ERRERA (R.), « Sur les justes limites de la liberté d'expression », *Esprit*, déc. 1990, p. 82.

553 V. *supra* n° 45 s.

554 THOMAS (Y.), *préc.*, p. 24.

555 DROIN (N.), « L'article 24 *bis* sanctionnant le délit de négationnisme : toujours discuté, toujours discutable ? », *préc.*, p. 60.

venait à être jugée, et donc « *la manière d'écrire l'Histoire* »[556]. Si le doyen Carbonnier[557] a pu considérer que « *le silence de l'historien est tantôt un piège, tantôt une injure, ou les deux à la fois* »[558], force est de constater que juger la méthode de l'historien n'est pas véritablement satisfaisant, d'autant que l'on court toujours le risque « *d'inciter les plus habiles à utiliser des stratégies de contournements de la loi et de ne sanctionner (...) que les individus les moins capables de les pratiquer* »[559]. Si les solutions actuelles ne suffisent pas, la question d'éventuels palliatifs futurs se pose donc avec force.

B. Un palliatif futur : la création d'un « *droit pénal international transgénérationnel* »

198. La création d'un « *droit pénal international transgénérationnel* » est une proposition réalisée par Jean-Pierre Marguénaud dans son commentaire[560] de l'arrêt de section Perinçek. Face à une possible abrogation de l'article 24 *bis*, cette discipline pourrait permettre de justifier une nouvelle forme d'incrimination du négationnisme mais qui serait cette fois-ci basée éventuellement sur des fondements plus sains, au regard d'un critère moins contestable, et qui ne serait que le « bras armé » de cette discipline qui la dépasserait. Il ne s'agirait toutefois pas « d'incriminer le négationnisme sans passer par l'infraction de

---

[556] *Ibid.*

[557] CARBONNIER (J.), « Le silence et la gloire », *D.*, 1951, chron. 119.

[558] FRANCILLON (J.), *préc.*

[559] MORANGE (J.), « La problématique de l'insertion des infractions de presse dans le droit commun civil ou pénal : faut-il dépénaliser ou surpénaliser ? », *in* DROIN (N.) et JEAN-BAPTISTE (W.) (dir.), *op. cit.*, p. 35.

[560] MARGUÉNAUD (J.-P.), « L'incrimination hasardeuse de la négation du génocide arménien », *RSC*, 2014, p. 179.

négationnisme », mais plutôt « d'incriminer le négationnisme par une nouvelle infraction de négationnisme ». Il n'en demeure pas moins que cette discipline encore réduite à l'état de notion est intrigante, car si elle provient de ce qui semble être une mauvaise lecture des arrêts de la Cour européenne de la part d'un « *éminent spécialiste du droit européen des droits de l'Homme* »[561], la proposition réalisée à de quoi séduire. Il est donc important de revenir sur les commentaires réalisés par Jean-Pierre Marguénaud à l'égard des arrêts Perinçek pour comprendre les germes de cette idée.

199. La proposition réalisée dans son commentaire de l'arrêt de section Perinçek tient à la distinction opérée par la Cour entre d'un côté la négation des faits et de l'autre la négation de leur qualification juridique. Nous avons pu précédemment critiquer cette distinction[562] puisqu'il ne semble pas opportun de limiter le champ d'application de l'infraction à la seule négation des faits, car celle de leur qualification peut tout autant être génératrice de conséquences néfastes[563]. Mais de cette distinction qui est pour Jean-Pierre Marguénaud convaincante, il estime y avoir « *donc, en la matière, à trouver entre droit et Histoire un nouvel équilibre, un nouvel agencement, qui (...) devrait faire apparaître les rudiments d'une nouvelle discipline se situant plus résolument au carrefour du droit international*

---

[561] BESSE (Th.), *La pénalisation de l'expression publique*, *op. cit.*, p. 358, n° 420.

[562] V. *supra* n° 73.

[563] La qualification de génocide pour les crimes nazis a pu être contestée, avec pour « *intention dissimulée, ou non, d'ôter le statut de victimes aux juifs et de dénoncer le soi-disant complot sioniste dans le but de délégitimer l'existence de l'État d'Israël et de les rendre responsable* », *in* DROIN (N.), « Le glas sonne-t-il pour la « loi Gayssot » ? (à propos de l'arrêt de la Cour de cassation du 6 octobre 2015 n° 15-84.335) », *RDLF*, 2015, chron. n° 26.

pénal et de l'histoire que l'on pourrait appeler le droit international pénal transgénérationnel ».

Quand bien même cette distinction est abandonnée dans l'arrêt de grande chambre Perinçek, il en arrive à la même conclusion mais en fondant son raisonnement sur les « *véritables raisons* »[564] qui auraient conduit la Cour à identifier une violation de la liberté d'expression en l'espèce. Selon lui, ces raisons sont à trouver dans l'opinion dissidente de la juge Angelika Nussberger. Cette dernière estime en effet que la rédaction de l'infraction de négationnisme en droit suisse ne permet pas de savoir précisément « *si les juridictions censées l'appliquer doivent décider elles-mêmes si tel ou tel événement historique mérite le qualificatif de « génocide » et, dans l'affirmative, sur quel fondement* »[565]. Elle considère alors que la décision de la Cour sur le génocide arménien tient « *à l'absence soit du jugement d'un tribunal international, soit d'une unanimité dans les débats nationaux et internationaux d'ordre scientifique ou politique* » ainsi qu' « *à l'insuffisance de la méthode consistant à légiférer sur des droits concurrents dans l'abstrait sans se référer aux cas historiques précis* »[566]. Toutes ces remarques sont critiquables, puisque le délit suisse est mal compris[567], le discutable critère tenant à la reconnaissance juridictionnelle

---

[564] MARGUÉNAUD (J.-P.), « L'arrêt de Grande Chambre Perinçek c/ Suisse relatif à la liberté de contester le génocide des Arméniens : un tête-à-queue méthodologique », *RSC*, 2016, p. 132.

[565] CEDH, 15 oct. 2015, *Perinçek c. Suisse*, gr. ch., req. n° 27510/08, opinion partiellement concordante et partiellement dissidente de la juge Nussberger.

[566] MARGUÉNAUD (J.-P.), *préc.*

[567] HOCHMANN (Th.), « Négationnisme du génocide arménien : défauts et qualités de l'arrêt Perinçek contre Suisse », *RDLF*, 2015, chron. n° 27 : « *L'article 261* bis *du code pénal suisse est en réalité très clair à cet égard : dès lors qu'il interdit de « nier un génocide », il exige simplement d'interpréter les propos litigieux pour établir leur signification* ».

du crime nié est de nouveau mis en avant, et l'inadéquat critère historique dégagé par la Cour européenne est mis en exergue[568]. Cela n'empêche toutefois pas Jean-Pierre Marguénaud d'y voir « *comme un appel à la création de ce droit pénal international transgénérationnel* »[569].

200. Ainsi, les quelques précisions ici rappelées permettent de comprendre la genèse de cette nouvelle discipline mais aussi certains des biais que peut avoir son créateur dans son raisonnement. En effet, il réfléchit principalement à l'égard de la négation de la qualification juridique des crimes[570], et cela se comprend au regard de sa lecture des arrêts Perinçek. Pour lui, s'il s'agit de nier des faits, alors aucune difficulté ne survient puisqu'en se rangeant derrière la catégorie des « *faits historiques clairement établis* »[571], il soutient la seule incrimination de la négation de l'Holocauste. Mais lorsqu'il s'agit de nier la « *qualification juridique, et particulièrement de celle de faits historiques tragiques antérieurs à l'Holocauste* »[572], des difficultés surviennent, notamment en raison de l'absence de décisions de justice reconnaissant ces crimes. C'est pour cela qu'il propose de créer ce « *droit pénal international transgénérationnel* », dont la structure appelle quelques remarques.

201. Ainsi, selon lui, « *lorsque la qualification juridique ne peut plus servir à justifier la condamnation de quelque participant direct que ce soit, la maintenir et* a fortiori

---

568 V. *supra* n° 87 s.
569 MARGUÉNAUD (J.-P.), *préc.*
570 Il raisonne aussi sur le devoir de mémoire envers les victimes de ces crimes qui justifierait l'incrimination du négationnisme, ce qui ne semble pas être un motif suffisant pour autant.
571 V. *supra* n° 65 s.
572 MARGUÉNAUD (J.-P.), « La Cour européenne des droits de l'Homme à l'épreuve du négationnisme », *préc.*, p. 36.

l'instituer, revient implicitement à transférer la responsabilité des événements passés vers les générations nouvelles qui n'y ont strictement pris aucune part »[573]. De plus, à venir pénaliser la négation que de quelques crimes bien précis, « *l'esprit de cohésion qui doit animer le devoir de mémoire est [ainsi] menacé par les débats conflictuels lancés par des groupes luttant pour que la répression du négationnisme de la tragédie des uns ne se fasse pas au détriment de la répression du négationnisme des autres* »[574]. C'est pour ces raisons, outre le fait d'appeler à la remobilisation des infractions de la loi Pleven en soutenant la proposition de Thomas Besse[575], que Jean-Pierre Marguénaud souhaite voir apparaitre une « *qualification pénale à finalité post répressive* » afin de « *rétablir ou établir l'identité et la dignité des uns sans accabler les autres d'une responsabilité qui n'est plus la leur* »[576]. Cela reviendrait donc à qualifier un événement de crime contre l'humanité selon un critère préalable tenant à l'absence de survivants des événements afin « *non pas d'aider à punir et à réparer, mais de reconnaître les souffrances, la sincérité, l'identité et la dignité des membres actuels d'une communauté et de faire connaître aux représentants actuels de l'autre communauté les horreurs de son passé de façon à leur permettre* le travail de mémoire *nécessaire pour ne jamais plus se laisser entraîner sur la même pente infernale* »[577]. Cette qualification post répressive permettrait alors de donner un support sur lequel « *les législateurs nationaux pourraient, indépendamment des considérations de proximité géographique et avec de moindres risques diplomatiques,*

---

573 *Ibid.*, p. 33.
574 *Ibid.*
575 V. *supra* n° 194.
576 MARGUÉNAUD (J.-P.), *préc.*, p. 34.
577 *Ibid.*

s'appuyer (...) pour adopter des lois destinées à témoigner leur solidarité », et « *alors seulement, le négationnisme, qui défierait aussi l'autorité de la chose jugée, pourrait être pénalement sanctionné sans porter d'atteinte disproportionnée au droit à la liberté d'expression* »[578].

202. Notons qu'à ce stade, on peut se questionner sur la réelle pertinence de la distinction opérée par Jean-Pierre Marguénaud entre la négation des faits et la négation de leur qualification juridique. En effet, il établit cette distinction pour ensuite évoquer la négation de tous les crimes contre l'humanité autres que celui concernant la Seconde Guerre mondiale, leur incrimination n'étant pas acquise à ce stade-là pour lui. Mais par la suite, une fois que ces crimes auront été qualifiés de crime contre l'humanité selon une procédure particulière, l'incrimination ne concernerait pas uniquement la négation de la qualification juridique posée, contrairement à ce que l'on pourrait penser[579], mais aussi celle des faits, en tout cas c'est ce qui semble ressortir du raisonnement de l'auteur de la proposition. Ainsi, quand il distingue entre la négation des faits qui ne pose pas question, et la négation de la qualification juridique, il semble en vérité distinguer entre la négation de

---

[578] *Ibid.*, p. 35.

[579] En effet, si le constat de départ est que l'incrimination de la négation des faits ne peut concerner que les crimes commis durant la Seconde Guerre mondiale (« *les faits historiques clairement établis* ») et qu'il conviendrait donc sur le terrain de la négation de la qualification juridique d'instaurer une procédure particulière pour justifier l'incrimination de cette négation, la conclusion que l'on en tire est que seule la négation de la qualification juridique de ces crimes qualifiés spécialement devrait être incriminée. Mais ce ne semble pas être le sens de la proposition de Jean-Pierre Marguénaud, ce qui nous amène à nous questionner sur la réelle pertinence d'opérer cette distinction. Est-ce une manière déguisée de ne pas établir une claire distinction entre l'Holocauste d'un côté et tous les autres crimes contre l'humanité de l'autre ?

l'Holocauste d'une part, et la négation de tous les autres crimes éventuellement qualifiables de crime contre l'humanité d'autre part.

On peut donc avoir du mal à comprendre pourquoi cet auteur attache autant d'importance à ce que la qualification de crime contre l'humanité soit posée pour les crimes autres que ceux commis par les nazis. Peut-être qu'il s'agit par-là de faciliter le travail du législateur dans l'identification des crimes concernés par une éventuelle incrimination du négationnisme[580] et d'éviter tout soupçon d'écrire une Histoire officielle. Mais cette idée présente deux inconvénients. Déjà, il y a fort à parier que les détracteurs du délit se chargeront d'accuser le législateur de participer à une forme d'écriture internationale de l'Histoire. De plus, comme déjà rappelé[581], le critère tenant à la reconnaissance juridictionnelle des crimes niés n'est pas le seul critère permettant de délimiter précisément le champ d'application du délit de négationnisme, et ne préfigure en rien les conséquences néfastes que la négation de ces crimes peut entrainer. Une autre explication de cette distinction pourrait tenir à ce que Jean-Pierre Marguénaud considère que les crimes commis durant la Seconde Guerre mondiale ne font absolument pas débat et sont certains, justifiant alors l'incrimination de leur négation sans processus supplémentaire, là où concernant tous les autres crimes contre l'humanité, leur réalité étant toujours discutable, une qualification particulière selon une procédure bien précise serait nécessaire pour justifier l'incrimination de leur négation. On ne saurait soutenir une telle explication faute d'éléments supplémentaires, mais force est de constater que quand bien même la proposition présentée ici peut être

---

[580] Ce qui est au demeurant conforme à la critique soulevée par la juge Nussberger dans son opinion dissidente.

[581] V. *supra* n° 170 s.

intéressante, les raisons de son adoption sont quant à elles quelque peu obscures.

203. Mais abstraction faite de ces remarques, et si l'on part du principe qu'une reconnaissance des crimes par une procédure particulière aiderait à justifier le délit de négationnisme, demeure alors la question de l'institution chargée de cette reconnaissance. La Cour pénale internationale serait alors selon Jean-Pierre Marguénaud la plus à même pour opérer de telles qualifications, mais elle devra nécessairement subir quelques modifications structurelles car ne disposant toujours pas de « *l'expertise historique requise* »[582]. Une chambre spécialisée alliant juristes et historiens pourrait alors voir le jour, saisissable à la fois par les juridictions nationales, mais aussi par la Cour européenne des droits de l'Homme selon une procédure de renvoi préjudiciel encore à créer. Toutefois, puisque la recherche historique se doit d'être préservée, « *il y aurait lieu d'envisager que la chambre spéciale de la Cour pénale internationale puisse être saisie de demandes de révision* »[583].

204. En vérité cette procédure peut tout à fait séduire le juriste français (mais pas que) au regard des décisions du Conseil constitutionnel et du changement de *ratio legis* constaté concernant l'article 24 *bis*, tant la reconnaissance juridictionnelle du crime nié semble aujourd'hui être la clé de voute de l'incrimination du négationnisme. Mais pour autant, il n'est pas sûr qu'il soit justifié d'incriminer la négation de n'importe quel crime contre l'humanité dès lors qu'il aura été qualifié comme tel par la Cour pénale internationale, car ne présumant pas des conséquences néfastes que sa négation pourrait entrainer. Pour autant, il y

---

[582] MARGUÉNAUD (J.-P.), *préc.*, p. 35.
[583] *Ibid.*

a fort à parier que le législateur, confronté à un tel mécanisme, n'hésitera pas à s'en saisir pour incriminer une nouvelle fois le négationnisme avec cette fois-ci une base factuelle solide, coupant court à toute contestation au nom d'une entrave à la recherche historique. L'universalité des droits de l'Homme pourra alors venir au soutien d'une telle incrimination afin de reconnaitre la souffrance des victimes passées, protéger les communautés et la société d'aujourd'hui, et prévenir la réitération de tels crimes demain. Il ne reste plus qu'à attendre et de voir si une telle discipline pourra émerger un jour ou non, mais avec en tête les quelques remarques posées ici.

205. D'un point-de-vue plus général, si les palliatifs actuels comme futurs présentés jusqu'à présent sont viables pour certains, ils « *apparaissent toutefois bien vains au regard de la portée éminemment symbolique que revêt le dispositif législatif instauré par la loi Gayssot et complété par le législateur de 2017* »[584]. L'abrogation de l'article 24 *bis* n'étant donc pas pour tout de suite, ne serait-il pas plus pertinent d'envisager une modification de l'infraction ?

§2. Dépassement par la réforme : le négationnisme qualifié face à un fait justificatif original

206. S'il est bien une chose dont nous sommes sûrs, c'est que le négationnisme, pour que son incrimination soit justifiée, doit engendrer des conséquences néfastes. Une modification de l'article 24 *bis* alinéa 2 serait alors envisageable afin de recentrer l'incrimination sur l'objectif qui doit être celui du délit, face à la question de son éventuelle sortie de la loi sur la presse (**A**). Que cette modification intervienne de la main du législateur ou de la

[584] BESSE (Th.), *op. cit.*, p. 168, n° 193.

bouche du juge, un autre changement s'additionnant au premier pourrait permettre de rendre plus acceptable l'infraction telle qu'elle est aujourd'hui en passant par l'adaptation prétorienne de deux faits justificatifs bien connus en droit de la presse (**B**).

A. Pour la seule répression d'un négationnisme qualifié réaffirmée au sein de la loi sur la presse

207. Il est important de rappeler, avant même d'évoquer la proposition majeure présentée ici, que l'alinéa 2 de l'article 24 *bis* ne se superpose pas complétement avec l'alinéa 1er, ce qui va ainsi à l'encontre de la proposition tenant à fusionner les deux infractions entre elles. Farah Safi soulève en effet l'idée que « *si la* ratio legis *de l'incrimination du négationnisme relève de l'autorité de la chose jugée, est-il vraiment justifié d'incriminer séparément la négation des crimes contre l'humanité jugé par le tribunal de Nuremberg et celle d'un « crime de génocide autre » que celui commis pendant la Seconde guerre mondiale* »[585] ? Même si nous partageons le début de cette réflexion, il peut sembler inopportun de fusionner les deux infractions entre elles. Déjà, parce que le critère tenant à l'identification des crimes niés n'est pas le même. Si une telle fusion se faisait au profit du critère tenant à la reconnaissance juridictionnelle des crimes niés, alors on ne

---

[585] SAFI (F.), *préc.*

pourrait que constater la réduction[586] du champ d'application de l'incrimination concernant les crimes commis durant la Seconde Guerre mondiale, car tous les crimes n'ont pas forcément pu être jugés, comme ce fut le cas concernant la rafle du Vel d'Hiv[587]. Ensuite, parce que concéder cette modification reviendrait à céder devant une justification qui n'est pas suffisante puisque ce critère ne peut fonder à lui seul l'incrimination du négationnisme. C'est pourquoi la proposition réalisée ici concernera principalement l'alinéa 2 de l'article 24 *bis* si l'on part du principe que l'alinéa 1er est quant à lui exempt de tout vice, et ce notamment au regard de la décision du Conseil constitutionnel de 2016.

208. Une autre question en cas de modification de l'infraction apparait, et tient à la pertinence de maintenir ou non l'incrimination du négationnisme dans la loi sur la presse. En effet, Emmanuel Dreyer identifie comme un dévoiement de cette loi, qui ne se rapporterait plus vraiment à son objectif premier tant elle contiendrait des dispositions très diverses sans pour autant que toutes intéressent directement la presse[588]. Il remarque d'ailleurs un peu en

---

[586] Sauf à ce que la jurisprudence interprète le nouveau critère de 2017 dans un sens très large, permettant d'inclure tous les événements se rapportant à un crime contre l'humanité qualifié comme tel par une décision de justice. Mais une telle interprétation n'est tout d'abord pas sûre, et ensuite elle pourrait être trop extensive, portant alors une atteinte à la légalité criminelle. Le critère présent dans l'article 24 *bis* alinéa 1er est alors à préférer, puisqu'il délimite précisément les crimes concernés, tout en permettant un champ d'application large à l'infraction.

[587] V. *supra* n° 54.

[588] DREYER (E.), « L'opportunité d'une sortie des infractions de presse de la loi du 29 juillet 1881 au regard d'un exemple précis : le cas du délit d'apologie du terrorisme et de provocation aux actes de terrorisme », *in* DROIN (N.) et JEAN-BAPTISTE (W.) (dir.), *op. cit.*, pp. 37 s.

amont de l'adoption de la loi du 27 janvier 2017 que le législateur a certes pris conscience de ce dévoiement mais qu'il aurait renoncé à opérer toute modification en la matière contrairement à ce qu'il a pu faire concernant l'apologie du terrorisme. En effet, cette infraction est aujourd'hui incriminée non plus dans la loi du 29 juillet 1881 mais à l'article 421-2-5 du Code pénal depuis la loi du 13 novembre 2014[589]. Cette modification est justifiée pour Emmanuel Dreyer car cette infraction « *n'intéresse pas les médias et met assez peu en cause la liberté d'expression car c'est davantage une action qu'une opinion qui est alors en cause* »[590]. Un raisonnement similaire peut éventuellement prospérer à l'égard du négationnisme, ce qui pose ainsi la question de sa sortie de la loi sur la presse. Mais « *au lieu d'incriminer les propos racistes ou sectaires dans le Code pénal, au côté des pratiques discriminatoires (...), le projet de loi relatif à l'égalité et à la citoyenneté (...) semble vouloir les maintenir dans la loi de 1881* »[591], ce qui fut *in fine* le cas. Notons cependant que ces raisonnements intéressent principalement l'alinéa 1er de l'article 24 *bis* puisqu'au regard de tout ce qui a pu être évoqué concernant l'alinéa 2, un tel objectif de lutte contre le racisme peut lui être refusé. Mais pour autant, si cet alinéa protège les décisions de justice, sa place dans la loi sur la presse ne fait pas sens, sachant que l'infraction réprimant quant à elle le discrédit jeté sur une décision de justice réside dans le Code pénal.

209. Ce qui est sûr, c'est qu'Emmanuel Dreyer n'est pas le seul à appeler à une telle sortie de l'incrimination du

---

[589] Loi n° 2014-1353 du 13 novembre 2014 *renforçant les dispositions relatives à la lutte contre le terrorisme*, JORF n° 0263 du 14 novembre 2014.
[590] DREYER (E.), *préc.*, p. 38.
[591] *Ibid.*

négationnisme de la loi sur la presse. Ainsi, « *si le but de cette incrimination n'est pas l'instauration d'une « histoire officielle » (...),* [elle] *n'est qu'une variante de l'apologie de crimes et d'une incitation à la haine raciale. Ces textes ont pour vocation profonde de lutter contre les causes non éradiquées de ces crimes sans nom : l'antisémitisme et le racisme* »[592]. C'est pourquoi les négationnistes ne devraient pas pouvoir « *bénéficier des faveurs – même réduites – d'une loi destinée à protéger la presse lorsqu'elle joue son rôle de chien de garde de la démocratie* »[593]. Il est d'ailleurs quelque peu étrange de voir qu'en application de la responsabilité dite « en cascade » prévue dans la loi de 1881[594], les auteurs négationnistes sont condamnés en tant que complices et ceux qui publient les propos en tant qu'auteurs principaux. Même si la lutte contre ceux qui permettent la diffusion de telles thèses est légitime, elle doit surtout se concentrer sur les auteurs mêmes de ces thèses, tant ce sont eux qui engendrent le plus de conséquences préjudiciables. Ainsi, quand bien même la peine encourue est identique entre l'auteur et le complice dans notre droit, au-delà du sens, les mots ont une portée parfois symbolique, et condamner ces auteurs en tant que simple « complice » peut donner l'impression que la lutte contre les discours haineux passe à côté de l'essentiel.

210. Ainsi, retirer le délit de négationnisme de la loi sur la presse pour le réintroduire dans le Code pénal permettrait de « *renforcer la dignité de la presse* » [595] tant « *il y a un danger de saper voire de détruire la démocratie au motif de*

---

[592] BEIGNIER (B.), « Le bon grain et l'ivraie : le négationnisme, contrefaçon de l'histoire », *JCP G*, n° 46, 2017, p. 1192.

[593] DREYER (E.), *préc.*, p. 48.

[594] Art. 42 de la loi du 29 juillet 1881 sur la liberté de la presse.

[595] MARGUÉNAUD (J.-P.), « Rapport conclusif », *in* DROIN (N.) et JEAN-BAPTISTE (W.) (dir.), *op. cit.*, p. 252.

la défendre »[596]. C'est sans doute pour toutes ces raisons que la plupart des législations étrangères incriminent le négationnisme directement dans leur Code pénal. Cependant, si un tel raisonnement pouvait convaincre, tel n'est plus forcément le cas depuis l'extension de 2017. En effet, puisque le délit a été étendu selon un critère qui ne dit rien de l'incitation à caractériser derrière les propos, constituant alors sans nul doute une atteinte disproportionnée à la liberté d'expression, les quelques garde-fous procéduraux prévus dans la loi de 1881 peuvent permettre d'éviter des condamnations à outrance. Mais même au-delà de ces questions, il peut sembler dangereux de sortir l'infraction de la loi sur la presse au regard du message que cela renverrait, d'autant qu' « *il n'y aurait pas pire symbole aujourd'hui que d'affaiblir la loi de 1881 en la détricotant* »[597].

211. Quoi qu'il en soit, on semble amené à se dire que le législateur en 2017 aurait dû fusionner les deux alternatives voulues de l'incrimination pour n'en former qu'une afin de pallier les insuffisances des deux[598]. En effet, même si le critère d'une décision de justice permet de délimiter les crimes concernés, l'on ne peut que difficilement lui accorder une portée supplémentaire, nécessitant dès lors d'identifier clairement une incitation à la haine ou à la violence qui ne saurait découler automatiquement de la nature des crimes niés. Une telle incitation doit alors être recherchée en examinant la teneur des propos au regard éventuellement d'éléments extérieurs, comme l'intention

---

[596] *Ibid.*, p. 260.

[597] BIGOT (C.), « Il n'y aurait pas pire symbole que d'affaiblir la loi de 1881 qui protège la liberté d'expression », *Le Monde*, 26 nov. 2020.

[598] Ainsi, le 1° de l'extension qui a été censuré aurait un champ d'application clairement défini ; et le 2° quant à lui renfermerait alors la question de savoir si les propos ont ou non incité à la haine ou à la violence.

de leur auteur, ou encore le contexte historique, géographique voire même social dans lequel les propos s'inscrivent. Mais ce critère n'est toutefois pas totalement à proscrire non plus, puisque son utilité quant à la prévisibilité qu'il donne à l'infraction est envisageable, mais à condition de le modifier quelque peu car en l'état il est soumis à beaucoup trop de critiques. En outre, si l'on considère qu'il serait bon d'incriminer la négation du plus de crimes possible, alors le critère présent actuellement dans la loi ne permet pas de le faire, puisque par exemple le génocide des Arméniens n'est pas concerné. Une reformulation de l'alinéa 2 du délit de négationnisme pourrait alors être envisagée :

> « *Seront punis des mêmes peines ceux qui auront contesté, par un des moyens énoncés à l'article 23, l'existence des crimes contre l'humanité ou crimes de guerre autres que ceux mentionnés au premier alinéa du présent article, tels qu'ils sont définis aux articles 6, 7 et 8 du statut de la Cour pénale internationale signé à Rome le 18 juillet 1998 et aux articles 211-1 à 212-3, 224-1 A à 224-1 C et 461-1 à 461-31 du Code pénal, lorsque cette contestation constitue une incitation à la violence ou à la haine, et que ces crimes auront fait l'objet d'une reconnaissance par la loi, une convention internationale signée et ratifiée par la France ou à laquelle celle-ci aura adhérée, par une décision prise par une institution communautaire ou internationale à laquelle la France est partie-signataire au traité fondateur, ou qualifiée comme*

tels par une juridiction française, rendue définitive en France »[599].

212. Cette proposition a le mérite de réintroduire la formule « contestation » qui est préférable à la liste aujourd'hui en vigueur, mais aussi d'élargir les critères permettant de définir les crimes visés par l'infraction afin de prendre en compte le plus de crimes contre l'humanité possible, si telle était bien la volonté du législateur en 2017 du moins. Elle n'échappe toutefois pas à certaines critiques que l'on a pu évoquer, ni à certains raisonnements néfastes développés par le Conseil constitutionnel ou encore la Cour européenne des droits de l'Homme. Aussi par exemple, une telle formulation ne contient toujours pas les décisions étrangères, même si cette absence peut s'expliquer par un choix politique afin de respecter la souveraineté de l'État français en ne faisant pas produire en France et de manière abstraite des décisions étrangères, et pour ne pas prendre le risque d'interdire la négation de crimes de guerre dont la qualification aurait pu être instrumentalisée à l'étranger. L'on peut aussi se demander si une telle formulation permet de prendre en compte le recul du temps qui semble cher à la Cour européenne des droits de l'Homme. En réalité cette critique peut déjà être réalisée aujourd'hui à l'ensemble de l'article 24 *bis* sans qu'aucune formule miracle ne puisse résoudre cet élément voué à justifier l'abrogation un jour ou l'autre de « *ce mal nécessaire qu'est l'inopportune*

---

[599] Concernant les critères définissant le champ d'application de l'infraction, il s'agit de la reprise avec quelques modifications de la formulation initialement proposée pour l'extension du délit de négationnisme par la loi du 23 janvier 2012, avant la modification par la commission du Sénat appelée à se prononcer sur le texte adopté en première lecture par l'Assemblée nationale, v. Proposition de loi de Mme. BOYER (V.) visant à réprimer la contestation de l'existence des génocides reconnus par la loi, n° 3842, enregistrée le 18 octobre 2011 à l'Assemblée Nationale.

infraction de contestation de crimes contre l'humanité »[600]. Mais une telle formulation est toujours préférable à celle qui est aujourd'hui en vigueur à l'alinéa 2 de l'article 24 *bis*. En effet, le critère tenant à la reconnaissance juridictionnelle des crimes niés tel qu'il est conçu aujourd'hui dans la loi ne peut se suffire à lui-même, et ne peut également rester tel quel faute de précisions supplémentaires sans méconnaître le principe de légalité criminelle.

213. Le principal atout de cette proposition tient surtout à l'introduction claire dans le texte de la condition tenant à l'incitation à la haine ou à la violence nécessaire pour justifier l'incrimination du négationnisme. Mais même sans modification du texte, l'on peut se demander si la jurisprudence ne pourrait pas d'elle-même imposer la caractérisation de cette incitation en faisant réapparaitre un élément qu'elle semble pourtant avoir fait récemment disparaitre[601], et qui tient à la mauvaise foi de l'auteur. Si cet élément a pu être contesté concernant l'article 24 *bis* alinéa 1er[602], il peut tout à fait être pertinent à l'égard de l'alinéa 2. En effet, en lieu et place d'une mauvaise foi systématiquement identifiée au regard de l'élément matériel du délit, il serait peut-être judicieux de la part de la jurisprudence d'exiger la réelle identification d'une incitation à la haine ou à la violence permettant alors de présumer que l'auteur des propos est de mauvaise foi, adaptant ainsi au mieux l'infraction aux exigences classiques en matière de liberté d'expression. L'on pourrait se dire qu'il ne revient pas à la jurisprudence de se substituer au législateur et de créer un élément supplémentaire dans la loi. Mais il pourrait s'agir non pas

---

600 BESSE (Th.), *op. cit.*, p. 169, n° 193.

601 V. *supra* n° 37.

602 V. *supra* n° 34 s.

d'une création, mais d'une interprétation du texte en se basant sur les débats parlementaires, la décision de 2017 du Conseil constitutionnel reprochant à la disposition censurée d'intervenir alors même qu'il n'y avait pas d'incitation à la haine ou à la violence, mais aussi et surtout sur l'esprit de l'article 24 *bis* originel. Il s'agirait donc cette fois-ci d'une influence du premier alinéa sur le second : puisque l'infraction originelle doit permettre de lutter contre les discours haineux, les propos incriminés dans le cadre de l'extension de 2017 doivent eux aussi être porteurs d'une telle incitation à la haine ou à la violence.

214. Ainsi, pour caractériser l'infraction prévue à l'alinéa 2 de l'article 24 *bis*, l'on devra rapporter la preuve que les propos tenus incitent à la haine ou à la violence, caractérisant la présomption de mauvaise foi de leur auteur, élément intentionnel essentiel pour caractériser l'infraction, et ce en application de la jurisprudence portant sur le premier alinéa de l'article. Si dans le cadre du premier alinéa cette mauvaise foi est présumée systématiquement au regard de l'élément matériel de l'infraction - à savoir la nature même des propos -, elle devra l'être au regard de l'incitation que les propos engendrent pour le second alinéa. On voit donc bien ici ce mouvement de bascule permettant de recentrer l'infraction sur ce qu'elle devrait être, sans pour autant nécessiter l'intervention du législateur, et ce qui pourrait laisser une place à l'adaptation là aussi prétorienne de deux faits justificatifs bien connus en droit de la presse.

B. Pour la création d'un fait justificatif résultant d'une adaptation de la bonne foi et du débat d'intérêt général : la bonne foi scientifique

215. Si d'une manière ou d'une autre la condition tenant à ce que les propos tenus incitent à la haine ou à la violence venait à apparaitre dans le cadre de l'alinéa 2 de l'article 24 *bis*, il n'est pas pour autant dit que l'atteinte portée à la liberté d'expression soit « nécessaire, adaptée et proportionnée » tant bon nombre de crimes sont aujourd'hui visés par l'incrimination. On peut en effet concevoir que nier un génocide peut entrainer des conséquences néfastes, sans pour autant que ces conséquences soient telles qu'elles fassent irrémédiablement plier la liberté d'expression[603]. De plus, si un crime contre l'humanité est jugé par un tribunal, et quand bien même cela peut intervenir très longtemps après les faits puisque ces crimes sont imprescriptibles, la recherche historique doit pouvoir se poursuivre. Or, certains chercheurs ont pu avoir la nette impression que « *la « chose jugée » acquiert un pouvoir de contrainte dont l'historien ne dispose pas* »[604], bloquant ainsi quelque peu ses recherches sur le crime qui vient d'être jugé. Mais force est de constater que cette impression ne risque pas de disparaitre tout de suite, sauf à établir un mécanisme particulier de justification propre à la recherche scientifique. C'est pourquoi la notion de mauvaise foi

---

[603] Face aux crimes commis durant la Seconde Guerre mondiale, le Conseil constitutionnel et la Cour européenne des droits de l'Homme considèrent que leur négation entraine nécessairement une incitation à la haine ou à la violence et véhicule un antisémitisme réel, à un point tel que l'interdiction de cette négation est justifiée, d'autant que la France a connu ces crimes, y a joué un rôle certain, et qu'une forte communauté juive est encore aujourd'hui présente sur le territoire. Les critères qui se cachent derrière ces arguments ont pour certains pu être contestés, mais il s'agit ici de réaliser une appréciation globale du contexte social dans lequel s'inscrit la négation, et ce notamment au regard de ces différents critères, sans pour autant en faire prévaloir un sur les autres ou qu'un seul de ces critères puisse fonder à lui seul l'incrimination du négationnisme. Il n'est donc pas dit que la négation d'un autre crime contre l'humanité entraine de telles conséquences que son interdiction soit justifiée systématiquement.

[604] REBÉRIOUX (M.), « Le génocide, le juge et l'historien », *L'Histoire*, n° 138, nov. 1990, pp. 92-94.

présumée au regard de l'incitation parait salutaire dans le cadre de l'alinéa 2 de l'article 24 *bis*, puisqu'elle permettrait à l'auteur des propos de rapporter la preuve de sa bonne foi pour échapper à une condamnation qui serait excessive.

216. Certains auteurs[605] avaient déjà pu avancer l'idée « *d'introduire une exception de la recherche historique ou scientifique, calquée sur celle déjà imaginée à propos de l'*exceptio veritatis *en matière de diffamation* »[606]. Cette proposition peut paraitre intéressante, mais elle soulève toutefois plusieurs questions qui renvoient encore une fois à la manière de juger la méthode de recherche d'un historien. De plus, se questionner sur la réalité des crimes pourrait transformer l'audience en véritable tribune scientifique où les protagonistes chercheraient à établir l'histoire. *In fine*, cela pourrait aboutir à ce que l'on condamne un individu qui aura eu le temps de se présenter de telle sorte qu'une partie de l'opinion pourrait croire qu'il s'agit d'un véritable historien et non d'un « *faussaire de l'histoire* »[607].

Une autre proposition, déjà évoquée quant à elle[608], réside dans l'idée soutenue par Michel Véron que la mauvaise foi telle qu'elle était exigée concernant le délit originel pourrait être présumée selon les mêmes mécanismes que l'infraction de diffamation, permettant ainsi à l'auteur des propos de rapporter la preuve de sa bonne foi. Mais cette proposition

---

[605] MATHIEU (B.), « La liberté d'expression en France : de la protection constitutionnelle aux menaces législatives », *RDP*, 2007, p. 255.

[606] DROIN (N.), « L'article 24 *bis* sanctionnant le délit de négationnisme : toujours discuté, toujours discutable ? », *préc*., p. 71.

[607] Expression utilisée par Robert Badinter pour qualifier Robert Faurisson lors d'une émission de télévisée en 2006, valant au premier un procès pour diffamation au terme duquel il fut relaxé.

[608] V. *supra* n° 31, notamment pour les références des deux auteurs ici cités.

avait pu être rejetée par Bertrand de Lamy, ne voyant pas comment les négateurs de l'Holocauste pouvaient être de bonne foi. Cependant, une telle idée pourrait ressurgir sur le terrain de l'article 24 *bis* alinéa 2 si notre proposition d'identifier une mauvaise foi de l'auteur au regard de l'incitation que de tels propos entrainent trouve un quelconque écho.

217. Nous allons donc raisonner sur le terrain de la bonne foi et du débat d'intérêt général dont l'application au délit de négationnisme semble envisageable au regard de leur évolution respective en jurisprudence, et ce afin de mieux justifier l'infraction. C'est ainsi qu'il faut noter que la bonne foi est un fait justificatif ancien, qui est exclusivement attaché[609] au délit de diffamation[610] et dont les critères sont classiquement les suivants : la prudence dans l'expression de la pensée ; le respect du devoir d'enquête préalable ; l'absence d'animosité personnelle envers le diffamé, et enfin l'intention de poursuivre un but légitime. Mais il a pu connaitre quelques évolutions récentes, du moins une remise en question de sa portée et de ses composants au regard de l'émergence d'un nouveau fait justificatif d'origine européenne : le débat d'intérêt général. Après quelques tâtonnements[611], la Cour européenne des droits de l'Homme en a fait « *l'emblème de la jurisprudence européenne en matière de liberté d'expression* »[612]. Mais la doctrine a pu émettre des doutes quant à la place que devait prendre ce fait justificatif

---

[609] BESSE (Th.), « Liberté d'expression et intérêt général : du droit spécial au droit commun », *Dr. pén.*, n° 1, étude 1, 2021, p. 7.

[610] Arts. 29 et 32 de la loi du 29 juillet sur la liberté de la presse.

[611] Pour des références précises, v. BESSE (Th.), *préc.*, notes 10 et 11.

[612] FRANÇOIS (L.), « Le débat d'intérêt général dans la jurisprudence de la Cour de Strasbourg (1ère partie) », *Légipresse*, 2014, n° 317, p. 339.

européen en droit français, ce qui n'a pas vraiment été réglé au regard de la jurisprudence de la Cour de cassation.

218. Ce fait justificatif a pour la première fois été identifié par la Cour de cassation dans un arrêt du 11 mars 2008[613] sans que l'on sache trop le rôle qu'il allait bien pouvoir jouer en droit français, et notamment quel pourrait être son articulation avec la bonne foi puisque « *la chambre criminelle (...) avait repris les critères de la bonne foi tout en insérant d'autres critères chers à la Cour européenne des droits de l'homme à savoir la contribution à un débat d'intérêt général et l'existence d'une base factuelle suffisante des propos* »[614]. Certains auteurs ont pu soutenir que « *le débat d'intérêt général avait vocation à compléter ce dernier en atténuant le degré d'exigence relatif à ses critères*[615]*, voire à constituer le «* pivot du principe de proportionnalité *» dans leur appréciation par les juges* »[616]. D'autres quant à eux ont pu affirmer que les deux faits justificatifs ne se confondaient pas, et qu'il « *devrait donc s'agir de deux faits justificatifs distincts* »[617]. Face à ces

---

613 Cass. crim., 11 mars 2008, n° 06-84.712 : « *L'article incriminé, traitant d'un sujet d'intérêt général, (...) ne dépassait pas les limites de la liberté d'expression au sens de l'article 10 de la Convention européenne des droits de l'homme, la cour d'appel a méconnu les textes et principes susvisés* ».

614 FRANÇOIS (L.), « Quels faits justificatifs pour la diffamation ? », *in* DROIN (N.) et JEAN-BAPTISTE (W.) (dir.), *op. cit.*, p. 122.

615 BIGOT (C.), « La portée de la rénovation de la théorie de la bonne foi sous l'emprise de l'intérêt général », *Légipresse*, 2012, p. 26 ; DROIN (N.), « Diffamation et débat d'intérêt général : la bonne foi plie, mais ne rompt pas », *D.*, 2015, p. 931.

616 BESSE (Th.), *préc.*

617 LEPAGE (A.), « Infractions à la loi du 29 juillet 1881 et caractère d'intérêt général du sujet », *Comm. com. électr.*, 2011, comm. 79.

nombreuses incertitudes[618], la doctrine semble reconnaitre aujourd'hui une certaine forme d' « *autonomisation croissante de la notion vis-à-vis de la bonne foi et, par conséquent, du lien qui semblait la rattacher exclusivement au délit de diffamation publique* »[619]. C'est ainsi que, par exemple, la Cour de cassation[620] a pu user de ce fait justificatif à l'encontre du délit de provocation à la discrimination, à la haine ou à la violence raciale. D'autant que si le débat d'intérêt général ne concerne pas uniquement le délit de diffamation, il semble même prendre une telle autonomie qu'il s'est vu appliquer en dehors de la loi sur la presse[621], ce qui au demeurant permet de penser de manière mesurée qu'il pourrait s'appliquer au délit de négationnisme.

219. Mais pour l'appliquer au négationnisme, encore faudrait-il pouvoir le définir. En effet, on constate qu'il n'existe pas de définition claire de ce nouveau fait justificatif, même si « *une approche empirique (...) permettrait sans doute d'établir que le débat d'intérêt général suppose l'existence d'une question politique (...) et qui suscite la préoccupation légitime du public et/ou des médias* »[622]. Ainsi, lorsque l'on voit l'actualité récente en lien avec le génocide commis au Rwanda et le rôle que la

---

[618] Pour un panorama beaucoup plus complet des différentes thèses avancées, v. BESSE (Th.), *La pénalisation de l'expression publique, op. cit.*, pp. 361 s.

[619] BESSE (Th.), « Liberté d'expression et intérêt général : du droit spécial au droit commun », *préc.*

[620] Cass. crim., 7 juin 2011, n° 10-85.179 : « *Alors que les propos litigieux, portant sur une question d'intérêt public relative aux difficultés d'intégration de la communauté rom, ne dépassaient pas les limites admissibles de la liberté d'expression* ».

[621] Pour une application au délit d'escroquerie, v. Cass. crim., 26 oct. 2016, n° 15-83.774.

[622] FRANÇOIS (L.), « Quels faits justificatifs pour la diffamation ? », *préc.*

France a pu y jouer par exemple[623], on comprend que cet événement constitue nécessairement une « question politique suscitant la préoccupation légitime du public », posant alors la question de la pertinence d'incriminer sa négation[624] face à la nécessaire recherche historique dans une période où les choses commencent à s'éclaircir[625]. Mais le débat d'intérêt général serait inapte à résoudre à lui tout seul des situations problématiques créées par l'adoption de l'alinéa 2 de l'article 24 *bis*. On peut tout à fait concevoir que tout ne peut pas être dit, même si le sujet auquel se rapporte les propos s'inscrit dans un débat d'intérêt général. C'est pour cela, et quand bien même seul le débat d'intérêt général semble aujourd'hui se détacher du délit de diffamation, que nous appelons à l'adaptation des deux faits justificatifs présentés ici, afin d'aboutir à la création d'une « bonne foi scientifique » applicable au négationnisme.

220. Comment fonctionnerait alors ce double fait justificatif ? Dès lors que la mauvaise foi de l'auteur aura pu être présumée au regard de l'incitation que ses propos ont pu susciter, ce même auteur pourra tenter de rapporter la preuve de sa bonne foi tout en arguant du contexte dans lequel il les a tenus. Il s'agirait donc d'une adaptation des critères de la bonne foi classiquement admis tout en prenant en compte le contexte dans lequel les propos ont été tenus, faisant ainsi référence au débat d'intérêt général qui serait cantonné à un « adjuvant interprétatif ». Notons qu'au regard des décisions ayant eu à articuler ces deux faits

---

[623] « France-Rwanda : un pas décisif vers la vérité », *Le Monde*, 27 mars 2021.

[624] « La journaliste Natacha Polony renvoyée en correctionnelle pour contestation du génocide au Rwanda », *Le Monde*, 18 déc. 2020.

[625] La France, le Rwanda et le génocide des Tutsi (1990-1994) – Rapport remis au Président de la République, *Commission de recherche sur les archives françaises relatives au Rwanda et au génocide des Tutsi*, 26 mars 2021, DUCLERT (V.).

justificatifs, l'on remarque que « *plus l'intérêt général est important moins les exigences de la bonne foi le seront. Et inversement, moins l'information serait d'intérêt général, et plus sévères seront les exigences de bonne foi* »[626], ce qui module donc le degré de sévérité exigé pour caractériser la bonne foi. Ainsi, si l'on repart des critères tenant à la bonne foi en matière de diffamation et qu'on les applique au négationnisme, deux d'entre eux resteraient inchangés, à savoir la prudence dans l'expression de la pensée ainsi que l'intention de poursuivre un but légitime. Les deux autres critères seraient eux à modifier. L'on pourrait donc faire référence à l'absence d'animosité personnelle non plus envers le diffamé mais plus généralement dans l'expression niant le crime, et non plus constater le respect du devoir d'enquête préalable, mais celui d'une recherche historique sérieuse tant ce fait justificatif serait d'abord tourné vers les historiens.

Rajoutons que « *le débat d'intérêt général, qui semble quelque peu se confondre avec le critère de la légitimité du but poursuivi (...), tendrait alors à « absorber » l'examen d'autres critères classiques de la bonne foi au regard des circonstances de l'espèce* »[627]. Ainsi, en accord avec cette remarque, et au regard de la modulation évoquée plus haut, l'on pourrait considérer qu'en présence d'un débat d'intérêt général, le critère tenant au but légitime poursuivi soit

---

626 FRANÇOIS (L.), *préc.*, p. 123.

627 BESSE (Th.), *La pénalisation de l'expression publique*, *op. cit.*, p. 362, n° 424.

nécessairement caractérisé[628], et que celui tenant à une recherche historique sérieuse soit « *réduit à la caractérisation d'une base factuelle suffisante* »[629]. Cette réduction permettrait ainsi d'appliquer le fait justificatif à d'autres individus que les historiens en présence d'un débat d'intérêt général. De plus, face à un historien, l'on éviterait de courir le risque de juger sa méthode pour caractériser le sérieux de sa recherche, bien qu'en l'absence d'un débat d'intérêt général un tel examen semble quelque peu inévitable. Mais en vérité, ce critère fait partie d'un « *édifice jurisprudentiel, quasi centenaire, sur la bonne foi* »[630], et son appréciation sur le travail journalistique ne pose pas vraiment de difficulté. On peut alors penser qu'une telle appréciation sur le travail d'un historien, à l'aide si besoin d'experts, pourrait à terme ne plus poser problème tant cette bonne foi scientifique permettrait de protéger justement les historiens, ce qui n'est absolument pas le cas concernant le

---

[628] À défaut de débat d'intérêt général, le critère tenant à la poursuite d'un but légitime réapparaitrait, faute de quoi la caractérisation de la bonne foi serait intimement liée à l'actualité, ce qui n'est pas forcément souhaitable puisque des propos peuvent concerner des crimes qui aujourd'hui ne sont plus au centre de l'actualité et qui pourtant se rapportent à des questionnements légitimes. V. HOCHMANN (Th.), « Le Vel d'Hiv, Nuremberg et le génocide des Arméniens », *Légipresse*, 2020, p. 362 : Yves Ternon a joué un rôle central dans « *la lutte contre les négationnismes. Or, il considère que le massacre de Srebrenica est bien un affreux crime contre l'humanité, mais pas un génocide à proprement parler. Dès lors que le Tribunal pénal international pour l'ex-Yougoslavie a qualifié ce crime de génocide, ces affirmations d'Yves Ternon enfreindraient aujourd'hui la loi française* ».

[629] BESSE (Th.), *op. cit.* Ce critère a d'abord été dégagé par la Cour européenne des droits de l'Homme en matière de journalisme, avant d'être repris par la Cour de cassation dans plusieurs arrêts à partir de 2014, v. par ex. : Cass. crim., 14 janv. 2014, n° 12-87.296 ; 29 nov. 2016, n° 15-80.511.

[630] ADER (B.), « L' « intérêt général », fait justificatif primordial de la bonne foi du diffamateur », *Légipresse*, 2009, p. 225.

délit tel que prévu à l'alinéa 2 de l'article 24 *bis* pour le moment. D'autant que pour certains, cet argument « *relève d'une conception erronée des rapports que la production d'une norme entretient avec la vérité d'une part, et l'expertise d'autre part* »[631], et qu'ainsi « *l'établissement juridictionnel des faits ne jouit d'aucune prévalence de principe. De telles décisions n'ont donc pas vocation à décrire* la *méthode historique* »[632].

221. Il s'agirait donc d'exiger l'identification d'une incitation à la haine ou à la violence au regard des propos tenus, et si une telle incitation est identifiée, alors la mauvaise foi de l'auteur des propos pourrait être présumée. Mais cette présomption ne serait pas irréfragable pour autant, puisque l'individu pourrait rapporter la preuve de sa bonne foi, et là réside toute la différence entre incitation et intention. De plus, en présence d'un débat d'intérêt général, le fait justificatif aurait vocation à s'appliquer à tous, et serait réduit en son absence aux seuls historiens (ou affiliés). Enfin, cette bonne foi scientifique ne semble pas faire courir le risque d'empêcher la répression de propos haineux déguisés en recherches scientifiques, car si de graves conséquences émanent de ces propos, alors on pourrait considérer soit que le critère tenant à l'absence d'animosité personnelle n'est pas rempli (si l'on peut rapporter la preuve d'une intention de nuire), soit que l'auteur des propos ne poursuivait pas un but légitime au regard de ces conséquences, soit encore que la recherche historique n'était pas sérieuse, justifiant alors de rentrer en

---

[631] HOCHMANN (Th.), *Le négationnisme face aux limites de la liberté d'expression : Étude de droit comparé*, Paris, Pedone, 2013, p. 180, n° 325

[632] *Ibid.*, p. 205, n° 379.

voie de condamnation. Ainsi, l'on aboutirait à un régime qui nous semblerait plus équilibré.

222. Mais ce fait justificatif ne pourrait-il pas donner aux négationnistes de l'Holocauste le sentiment qu'ils peuvent tenir leurs propos de manière légitime ? Ne sera-t-il pas systématiquement avancé en cas de procès ? En vérité, on comprend des quelques précisions ici apportées que ce nouveau fait justificatif servirait surtout à l'égard de l'article 24 *bis* alinéa 2. En effet, concernant la négation des crimes commis durant la Seconde Guerre mondiale, et au regard de la mauvaise foi systématiquement caractérisée par la jurisprudence en raison de la nature même des propos tenus[633], le critère tenant à l'absence d'animosité personnelle dans l'expression niant le crime ne pourra jamais être caractérisé[634]. Cette impossibilité s'explique par les positions de la Cour européenne des droits de l'Homme et du Conseil constitutionnel qui établissent une présomption d'incitation à la haine ou à la violence empreinte d'antisémitisme dans les propos négationnistes liés à cette période, sans que cela soit le cas concernant d'autres négationnismes ce qui pourrait permettre à la bonne foi scientifique de faire son nid.
Mais alors l'utilité de ce fait justificatif ne sera-t-il pas réduit ? Nous pensons que non, et ce à deux égards. D'abord, parce que si les négationnistes de l'Holocauste avancent ce fait justificatif, il leur sera systématiquement refusé au regard de ses critères, montrant ainsi que de tels propos ne peuvent jamais être tenus de bonne foi. Ensuite,

---

633 La jurisprudence pourrait opérer un revirement et présumer cette mauvaise foi là aussi au regard de l'incitation que les propos niant l'Holocauste entrainent, sans pour autant que la bonne foi scientifique ne puisse se développer.

634 Il ne s'agit ici que d'un exemple, mais plus généralement sans doute que tous les autres critères peuvent être contestés à l'égard de la négation de l'Holocauste.

parce que notre proposition permet à un individu poursuivi sur le fondement de l'alinéa 2 d'échapper à une condamnation violant potentiellement de manière injustifiée sa liberté d'expression. Ce n'est donc pas parce qu'il est inapplicable à un pan de l'infraction qu'il est rendu inutile. Au contraire, son utilité réside dans l'assurance qu'il donne de ne condamner que des propos graves aux conséquences néfastes. En cas de caractérisation de tous ses critères, la bonne foi scientifique permettrait alors de ne pas condamner en venant « *neutraliser la nécessité, voulue par le législateur dans un contexte abstrait, de réprimer le propos* »[635].

223. En conclusion de cette section, l'on peut soutenir que c'est donc pour un meilleur respect de la liberté d'expression qu'un tel fait justificatif pourrait voir le jour, couplé à l'exigence renouvelée d'identifier une mauvaise foi, mais cette fois-ci en la présumant au regard non pas de la nature des propos tenus, mais de l'incitation que de tels propos entrainent. Ces propositions sont peut-être plus à même d'apparaitre tant l'abrogation de l'article 24 *bis* et *in fine* de la loi sur la presse n'est pas à l'ordre du jour, malgré des annonces récurrentes sur la volonté de modifier cette loi[636]. Le passage par les infractions de la loi Pleven et à titre subsidiaire par le juge civil serait un moyen de remédier à cette abrogation peu probable, même si ces propositions sont peut-être bien insuffisantes pour faire face à la quête effrénée de reconnaissance des mémoires et des souffrances passées, comme en témoigne l'extension de 2017.

---

[635] BESSE (Th.), « Liberté d'expression et intérêt général : du droit spécial au droit commun », *préc.*

[636] « Haine en ligne : Éric Dupond-Moretti ne veut pas que certains puissent « profiter » de la loi de 1881 sur la liberté de la presse », *PublicSénat*, 18 nov. 2020.

224. Mais au regard de ce dernier chapitre, il ne fait donc plus de doute que cette extension est très problématique telle qu'elle est. Amputée d'une partie qui faisait pourtant sens, elle vient aujourd'hui réprimer des négationnismes sans se soucier véritablement des conséquences qui se cachent derrière les propos interdits. Loin de se cantonner à cette seule critique, la problématique attachée à l'objet protégé par l'alinéa 2 s'étend et contamine son voisin en en modifiant la raison d'être. Ainsi, le critère tenant à la reconnaissance juridictionnelle des crimes niés ne vient pas seulement remettre en cause l'extension de 2017, mais de manière plus large toute l'infraction prévue à l'article 24 *bis*. Ce changement de *ratio legis* questionne ainsi sur la possibilité de saisir le Conseil constitutionnel concernant l'infraction dans sa globalité. Il est clair qu'un tel contrôle est possible à l'encontre de l'extension de l'infraction. Concernant le premier alinéa de l'article 24 *bis*, si rien n'est sûr, l'on pourrait soutenir qu'un changement de droit est apparu pour soulever derechef l'inconstitutionnalité de ce texte à la lumière de son objectif renouvelé. Un tel contrôle est cependant peu probable, mais l'on peut alors se demander si à terme, en affrontant l'Histoire avec le recul du temps, l'on ne pourrait pas constater un changement de fait, dans vingt ou trente ans, permettant de contrôler à nouveau l'infraction. Mais il serait totalement déraisonnable d'attendre aussi longtemps face à une infraction aussi problématique à l'heure actuelle, et quelques solutions sont alors avancées ici. Si certaines viendraient se substituer à l'infraction selon des mécanismes connus ou alors à créer, d'autres sont accessibles beaucoup plus rapidement, et ce notamment par la jurisprudence. Face à l'œuvre déraisonnable du législateur, il serait de bonne justice que le juge rétablisse le droit, et le bon.

225. En effet, le constat que l'on peut faire de cette seconde partie est que l'infraction de négationnisme ne risque pas d'être abrogée tout de suite au regard des nombreuses revendications de tous bords. Si la décision du Conseil constitutionnel en 2012 avait pu laisser craindre à une impossibilité pure et simple d'étendre l'infraction à tout jamais, tel ne fut pas le cas incontestablement. Après plusieurs échecs, l'article 24 *bis* était en passe d'être étendu doublement en 2017, avant l'intervention fâcheuse d'un Conseil constitutionnel trop aveuglé pour se rendre compte des conséquences que pourrait engendrer sa décision. Au regard de l'extension entrée en vigueur, l'on aurait pu croire légitimement que seul l'alinéa 2 de l'article 24 *bis* pourrait être concerné dans un futur proche par une déclaration d'inconstitutionnalité. Mais les excentricités du législateur en la matière et les raisonnements obscurs des Sages de la rue de Montpensier ont sans doute malheureusement modifié la *ratio legis* de l'alinéa 1er, et partant sa constitutionnalité. Il est donc problématique qu'une infraction aux si nombreuses critiques puissent rester en l'état. Si une abrogation pure et simple ne semble pas à l'ordre du jour, il faut trouver un remède à l'article 24 *bis*, que ce soit en le modifiant, en lui apportant un fait justificatif nouveau, en l'élevant au rang de problématique internationale, voire même tout cela à la fois. Quoi qu'il en soit, il faut que le délit soit modifié, il en va de sa pérennité.

CONCLUSION

226. La loi Gayssot du 13 juillet 1990 est venue créer l'infraction de négationnisme en introduisant dans la loi du 29 juillet 1881 sur la liberté de la presse un article 24 *bis*. Cette infraction a été initialement créée pour répondre à un besoin social urgent de lutte contre le racisme et l'antisémitisme face à des thèses révisionnistes portant sur les événements liés à la Seconde Guerre mondiale toutes plus sournoises les unes que les autres. C'est ainsi selon un critère particulier, inscrit dans un texte à la rédaction quelque peu alambiquée, que l'infraction de négationnisme a permis de lutter contre les propos entendant remettre en question les crimes contre l'humanité commis durant l'une des périodes les plus effroyables que la France et le monde aient eu à connaitre. Mais depuis son adoption en 1990, l'infraction de négationnisme a connu beaucoup d'évolutions. Certaines d'entre elles, apparues en jurisprudence, sont venues compléter l'infraction, notamment en lui ajoutant un élément intentionnel que la lettre de la loi ne semblait pas appeler. D'autres en revanche sont venues combler un texte volontairement flou pour incriminer le plus de propos possibles, et ainsi permettre à la loi de remplir pleinement l'objectif qui lui a été attribué. Cependant, et ce depuis son origine, l'infraction a pu subir bon nombre de critiques tendant à son abrogation, que ce soit au nom d'une liberté d'expression pleine et entière, ou au nom d'idées beaucoup plus critiquables. Mais le délit a tenu et tient toujours, et ce jusqu'au point même de faire l'objet de nombreuses tentatives d'extensions, toutes infructueuses jusqu'à récemment. Par une loi à l'objet beaucoup trop large, et après une censure que l'on a du mal à expliquer, la représentation nationale est venue étendre le délit de négationnisme à tous les crimes contre l'humanité reconnus comme tels par une décision de justice. Quel est le fondement de ce critère ? Quelle est sa pertinence ? Joue-t-il le rôle qu'on voulait lui donner ? Ce sont des questions légitimes, auxquelles les réponses sont pourtant bien décevantes il faut le dire.

227. Ainsi, quel bilan dresser face à bientôt trente-deux ans d'incrimination du négationnisme ? De l'adoption tumultueuse d'une loi faisant débat dans tous les cercles à son extension en 2017, le négationnisme est devenu un enjeu sociétal où chacun y va de sa revendication. Si la lutte contre les discours haineux est louable, attention à ne pas confondre interdiction de nier et devoir de mémoire. L'article 24 *bis* ne doit pas devenir le terrain d'une lutte entre communautés pour la reconnaissance de leurs souffrances passées, mais plutôt un moyen de protéger l'ordre public et les droits des tiers face à des propos aux conséquences véritablement néfastes. Tel était le cas initialement avec l'infraction telle que prévue en 1990. Cependant, au regard de l'extension intervenue récemment, en fondant le délit sur un critère qui ne devrait être qu'un auxiliaire, on en est venu à croire qu'il s'agissait de protéger l'autorité de la chose jugée par le biais de l'incrimination du négationnisme et non de lutter contre des propos haineux. Si une telle justification est aujourd'hui inacceptable, force est de constater que le contexte n'est pas à l'abrogation du délit, tant sa disparition aurait des conséquences politiques mais aussi sociétales inimaginables.

228. Peut-on considérer que le négationnisme constitue la dernière étape du processus génocidaire ? Que ceux qui participent à la négation de ce crime participent au génocide ? Qu'en raison d'un devoir universel de protection des droits de l'Homme, l'on se doit d'incriminer le négationnisme afin que ces idées abjectes ne soient pas le terreau fertile sur lequel pourra se reproduire le passé ? Les réponses sont sans doute positives, d'autant qu'à l'air du numérique, du temps de l'immédiat, du public quasi-infini que l'on peut toucher grâce aux nouvelles technologies et de l'ampleur que peut prendre de tels propos via les réseaux, tout cela justifie qu'encore aujourd'hui le négationnisme soit incriminé. Mais l'infraction doit être modifiée. Elle le doit car à fonder l'incrimination du négationnisme sur non plus la haine ou la violence que de tels propos engendrent mais sur l'atteinte portée aux décisions de justice, l'on prend le risque d'instituer un délit d'opinion, qualification à laquelle semblait pourtant échapper l'infraction originelle jusqu'à maintenant[637]. Les quelques propositions réalisées ici pourraient être des voies de sortie permettant à l'article 24 *bis* d'éviter un accident aussi funeste qu'inéluctable devant un Conseil constitutionnel à l'esprit désembrumé par les rappels ici opérés. Refusons la liberté d'expression aux ennemis de la liberté, luttons « *contre un ennemi perfide parce que masqué sous le couvert de la recherche historique* »[638] et non contre ceux qui s'inscrivent dans une authentique démarche scientifique et d'intérêt général. Luttons contre ce qu'est vraiment le négationnisme : « *une parole de haine* »[639].

[637] DROIN (N.), *Les limitations à la liberté d'expression dans la loi sur la presse du 29 juillet 1881. Disparition, permanence et résurgence du délit d'opinion*, Institut Universitaire Varenne, LGDJ, coll. « Collection des Thèses », n° 35, 2010, pp. 259 s.

[638] DHOQUOIS (R.), « Les thèses négationnistes et la liberté d'expression en France », *Ethnologie française*, 2006/1 (vol. 36), pp. 27-33.

[639] ROUSSO (H.), « Le négationnisme est une parole de haine », *L'Histoire*, n° 294, janv. 2005.

BIBLIOGRAPHIE

➢ Ouvrages généraux et manuels

ANDRÉ (C.), *Droit pénal spécial*, Dalloz, coll. Cours, 5ème éd., 2019.

HENNETTE-VAUCHEZ (S.) et ROMAN (D.), *Droits de l'Homme et libertés fondamentales*, Dalloz, coll. HyperCours, 4ème éd., 2020.

RASSAT (M.-L.), *Droit pénal spécial*, Dalloz, coll. Précis, 8ème éd., 2018.

ROUSSO (H.), *Le syndrome de Vichy*, Seuil, Paris, 1987.

VÉRON (M.), *Droit pénal spécial*, Sirey, coll. Université, 17ème éd., 2019.

➢ Ouvrages spéciaux et thèses

BESSE (Th.), *La pénalisation de l'expression publique*, LGDJ, Institut Francophone pour la Justice et la Démocratie, 2019.

DE LAMY (B.), *La liberté d'opinion et le droit pénal*, LGDJ, 2000.

DROIN (N.), *Les limitations à la liberté d'expression dans la loi sur la presse du 29 juillet 1881. Disparition, permanence et résurgence du délit d'opinion*, Institut Universitaire Varenne, LGDJ, coll. « Collection des Thèses », n° 35, 2010.

DROIN (N.) et JEAN-BAPTISTE (W.) (dir.), *La réécriture de la loi sur la presse du 29 juillet 1881 : une nécessité ?*, LGDJ, 2017.

HOCHMANN (Th.), *Le négationnisme face aux limites de la liberté d'expression : Étude de droit comparé*, Paris, Pedone, 2013.

HOCHMANN (Th.) et KASPARIAN (P.) (dir.), *L'extension du délit de négationnisme*, LGDJ, Institut Universitaire Varenne, coll. « Transition & Justice », 2019.

MORANGE (J.), *La liberté d'expression*, Bruylant, Bruxelles, 2009.

PECH (L.), *La liberté d'expression et sa limitation*, LGDJ, Fondation Varenne, 2003.

➢ Dictionnaires et références encyclopédiques

Dictionnaires grand public

Cordial. En ligne. Consulté le 11 mai 2021.

Dictionnaire de l'Académie française, 9ème éd. En ligne. Consulté le 11 mai 2021.

Larousse. En ligne. Consulté le 11 mai 2021.

Trésor de la Langue Française informatisé. En ligne. Consulté le 11 mai 2021.

Dictionnaires juridiques et encyclopédies

BIGOT (C.), J-Cl. Communication, *Synthèse - La loi du 29 juillet 1881 sur la liberté de la presse. Règles de fond.*

CORNU (G.), *Vocabulaire juridique*, PUF, 12ème éd., 2018.

DE LAMY (B.), J-CL. Communication, Fasc. 3160, *Révisionnisme.*

DOURNEAU-JOSETTE (P.), Rép. pén. Dalloz, *V° Convention européenne des droits de l'homme : jurisprudence de la Cour européenne des droits de l'homme en matière pénale.*

MARGUÉNAUD (J.-P.), J-Cl. Communication, Fasc. 12, *La liberté d'expression et la Convention européenne des droits de l'Homme.*

SAFI (F.), J-Cl. Communication, Fasc. 24, *Prosélytisme et liberté d'expression.*

THIERRY (J.-B.), J-Cl. Communication, Fasc. 120, *Injure – Éléments constitutifs.*

THIERRY (J.-B.), J-Cl. Lois pénales spéciales, Fasc. 60, *Presse et communication.*

- **Articles de fond et contributions à des ouvrages collectifs**

ADER (B.), « L' « intérêt général », fait justificatif primordial de la bonne foi du diffamateur », *Légipresse*, 2009, p. 225.

BATSELÉ (D.), HANOTIAU (M.) et DAURMONT (O.), « La lutte contre le racisme et la xénophobie, mythe ou réalité (2ème partie) », *RTDH*, 1991, p. 441.

BEIGNIER (B.), « « De la langue perfide, délivre moi… », Réflexions sur la loi du 13 juillet 1990 dite « loi

Gayssot » », *in Pouvoir et Liberté, Études offertes à Jacques Mourgeon*, Bruylant, 1998, p. 497.

BEIGNIER (B.), « Le bon grain et l'ivraie : le négationnisme, contrefaçon de l'histoire », *JCP G*, n° 46, 2017, p. 1192.

BESSE (Th.), « Contestation de crimes contre l'humanité », *in* « Dix ans de QPC en droit pénal de l'expression et de la communication », Titre VII [en ligne], Hors-série, QPC 2020 : les dix ans de la question citoyenne, octobre 2020.

BESSE (Th.), « Liberté d'expression et intérêt général : du droit spécial au droit commun », *Dr. pén.*, n° 1, étude 1, 2021, p. 7.

BIGOT (C.), « La portée de la rénovation de la théorie de la bonne foi sous l'emprise de l'intérêt général », *Légipresse*, 2012, p. 26.

BIGOT (C.), « Liberté d'expression : jurisprudence de la Cour européenne des droits de l'homme (juillet 2019-juillet 2020) », *Légipresse*, 2020, p. 519.

CARBONNIER (J.), « Le silence et la gloire », *D.*, 1951, chron. 119.

COLLIN (Ch.), « Propos négationnistes en politique : un abus de droit à liberté d'expression », *Dalloz actualité*, 12 nov. 2019.

CONTE (Ph.), « L'Histoire et les juges », *Dr. pén.*, 2016, repère 3.

DE BELLESCIZE (D.), « Refus de transmission d'une QPC relative à la loi Gayssot », *Constitutions*, 2011, p. 396.

DÉCIMA (O.), « QPC – Le révisionnisme et l'égalité devant la loi pénale », *JCP G*, 2016, p. 254.

DE LAMY (B.), « QPC : refus de transmission », *RSC*, 2011, p. 178.

DE LAMY (B.), « La limitation du délit de révisionnisme aux crimes contre l'humanité commis durant la Seconde Guerre mondiale est-elle constitutionnelle ? », *RSC*, 2016, p. 406.

DEUMIER (P.), « QPC : la question fondamentale du pouvoir d'interprétation (à propos du filtrage) », *RTD civ.*, 2010, p.504.

DHOQUOIS (R.), « Les thèses négationnistes et la liberté d'expression en France », *Ethnologie française*, 2006/1 (vol. 36), pp. 27 à 33.

DREYER (E.), « Droit de la presse », *D.*, 2020, p. 237.

DROIN (N.), « Diffamation et débat d'intérêt général : la bonne foi plie, mais ne rompt pas », *D.*, 2015, p. 931.

DROIN (N.), « Le glas sonne-t-il pour la « loi Gayssot » ? (à propos de l'arrêt de la Cour de cassation du 6 octobre 2015 n° 15-84.335) », *RDLF*, 2015, chron. n° 26.

DUCLERT (V.), « Faut-il une loi contre le négationnisme du génocide des Arméniens ? Un raisonnement historien sur le tournant de 2012 », *Revue Histoire@Politique*, 2013/3, n° 121, p. 167.

ERRERA (R.), « Sur les justes limites de la liberté d'expression », *Esprit*, déc. 1990, p. 82.

FELDMAN (J.-P.), « Les éléments constitutifs du délit de contestation de crime contre l'humanité », *D.*, 1998, p. 50.

FELDMAN (J.-P.), « Le délit de contestation de crimes contre l'humanité et la 17ème chambre du tribunal de grande instance de Paris », *D.*, 1999, chron. p. 8.

FLAUSS (J.-F.), « L'abus de droit dans le cadre de la Convention européenne des droits de l'homme », *RUDH*, 1992, p. 464.

FRANCILLON (J.), « Infractions de presse : délit de contestation de crimes contre l'humanité », *RSC*, 1998, p. 576.

FRANCILLON (J.), « Questions prioritaires de constitutionnalité (QPC) en matière d'infractions de presse (délits d'apologie de crimes de guerre, de contestation de l'existence de crimes contre l'humanité, et de diffamation) », *RSC*, 2010, p. 640.

FRANCILLON (J.), « Liberté d'expression et atteinte à la dignité humaine. Pénalisation de la négation du génocide des arméniens », *RSC*, 2014, p. 125.

FRANCILLON (J.), « La conformité à la constitution du délit de contestation de l'existence de crimes contre l'humanité (L. 29 juill. 1881, art. 24 bis) », *RSC*, 2016, p. 81.

FRANÇOIS (L.), « Le débat d'intérêt général dans la jurisprudence de la Cour de Strasbourg (1ère partie) », *Légipresse*, 2014, n° 317, p. 339.

GRANDJEAN (G.), « La répression du négationnisme en Belgique : de la réussite législative au blocage politique », *Droit et Société*, vol. 77, n° 1, 2011, pp. 137-160.

HOCHMANN (Th.), « La question mémorielle de constitutionnalité (à propos de la décision du 28 février 2012 du Conseil constitutionnel) », *Droit & Philosophie*, vol. 4, 2012.

HOCHMANN (Th.), « Négationnisme du génocide arménien : défauts et qualités de l'arrêt Perinçek contre Suisse », *RDLF*, 2015, chron. n° 27.

HOCHMANN (Th.), « Négationnisme : le Conseil constitutionnel entre ange et démon », *RDLF*, 2016, chron. n° 03.

HOCHMANN (Th.), « Pas de lunettes sous les œillères : le Conseil constitutionnel et le négationnisme », *RDLF*, 2017, chron. n° 06.

HOCHMANN (Th.), « Le Vel d'Hiv, Nuremberg et le génocide des Arméniens », *Légipresse*, 2020, p. 362.

KRIKORIAN (P.), « Le droit à la dignité et la liberté d'expression face aux crimes contre l'humanité », *D.*, 2006, p. 1980.

LASSALLE (M.), « Presse - La protection pénale des harkis », *Dr. pén.*, 2020, n°4, étude 13.

LEPAGE (A.), « Infractions à la loi du 29 juillet 1881 et caractère d'intérêt général du sujet », *Comm. com. électr.*, 2011, comm. 79.

LE POURHIET (A.-M.), « Politiquement correct mais juridiquement incorrect », *Constitutions*, 2010, p. 366.

MARGUÉNAUD (J.-P.), « L'incrimination hasardeuse de la négation du génocide arménien », *RSC*, 2014, p. 179.

MARGUÉNAUD (J.-P.), « La pénalisation des discours apologétiques et négationnistes », *RSC*, 2015, p. 877.

MARGUÉNAUD (J.-P.), « L'arrêt de Grande Chambre Perinçek c/ Suisse relatif à la liberté de contester le génocide des Arméniens : un tête-à-queue méthodologique », *RSC*, 2016, p. 132.

LE MASSON (J.-M.), « La recherche de la vérité dans le procès civil », *Droit et société*, 1998, n° 38, p. 27.

MASTOR (W.) et SORBARA (J.-G.), « Réflexions sur le rôle du Parlement à la lumière de la décision du constitutionnel sur la contestation des génocides reconnus par la loi », *RFDA*, 2012, p. 507.

MATHIEU (B.) et al., « Une soixantaine de professeurs de droit pour l'abrogation des lois mémorielles », *JCP G*, n° 48, 2006, p. 2201.

MATHIEU (B.), « La liberté d'expression en France : de la protection constitutionnelle aux menaces législatives », *RDP*, 2007, p. 255.

MATHIEU (B.), LE POURHIET (A.-M.), MELIN-SOUCRALANIEN (F.), LEVADE (A.), PHILIPPE (X.) et ROUSSEAU (D.), « Observations relatives à la loi visant à réprimer la contestation des génocides reconnus par la loi », *Constitutions*, 2012, p. 393.

MOUTON (S.), « Les fondements constitutionnels de la liberté de recherche », *in* LARRIEU (J.) (dir.), *Qu'en est-il du droit de la recherche*, Presses de l'Université Toulouse 1 Capitole, LGDJ, 2008.

PECH (L.), « Lois mémorielles et liberté d'expression : de la controverse à l'ambiguïté », *RFDC*, n° 91, 2012, p. 569.

PERRIER (J.-B.), « Crimes contre l'humanité (incrimination de la contestation) : renvoi d'une QPC », *D.*, 2015, p. 2076.

PERRIER (J.-B.) et RASCHEL (E.), « Le négationnisme face aux droits et libertés garantis par la Constitution », *D.*, 2016, p. 521.

REBÉRIOUX (M.), « Le génocide, le juge et l'historien », *L'Histoire*, n° 138, nov. 1990, pp. 92-94.

RIVERO (J.), « Rapport sur les notions d'égalité et de discrimination en droit public français », *in Travaux association H. Capitant*, éd. Dalloz, 1965.

ROBLOT-TROIZIER (A.) et TUSSEAU (G.), « Chronique de jurisprudence – Droit administratif et droit constitutionnel », *RFDA*, 2017, p. 561.

ROETS (D.), « Épilogue européen dans l'affaire Garaudy : les droits de l'homme à l'épreuve du négationnisme », *D.*, 2004, p. 239.

ROUMELIAN (O.), « Un délit d'opinion au service des droits de l'homme ? », *LPA*, 1996, n° 21, p. 10.

ROUX-DEMARE (F.-X.), « Constitutionnalité du délit de « négationnisme » – Conseil constitutionnel 8 janvier 2016 », *AJ pénal*, 2016, p. 205.

SAFI (F.), « Il y aurait donc génocide et génocide… », *Dr. pén.*, 2015, comm. 139.

SAFI (F.), « À la recherche d'un fondement à l'incrimination du négationnisme », *D.*, 2017, p. 686.

SÉNAC (C.-E.), « Le renouveau de la jurisprudence État d'urgence en Nouvelle-Calédonie », *RDP*, 2013, pp. 1453-1488.

THOMAS (Y.), « La vérité, le juge et l'historien », *Le débat*, n° 102, 1998.

VAN DE KERCHOVE (M.), « Vérité judiciaire et para-judiciaire en matière pénale : quelle vérité ? », *Droit et société*, 2013/2, n° 84, p. 411.

VAN DROOGHENBROECK (S.), « L'art. 17 de la Convention européenne des droits de l'homme est-il indispensable ? », *RTDH*, 2001, p. 555.

VÉRON (M.), « Le renforcement du dispositif répressif contre la discrimination et le racisme. Présentation des lois des 12 et 13 juillet 1990 », *Dr. pén.,* 1990, chronique, p. 2.

VÉRON (M.), « Les limites d'une prétendue recherche historique de la vérité », *Dr. pén.,* 2006, n° 10, comm. 118.

WACHSMANN (P.), « Liberté d'expression et négationnisme », *RTDH*, 2001, n° 46, p. 585.

WACHSMANN (P.), « L'oracle des libertés ne parle qu'une seule fois », *Jus Politicum*, n° 7, 2012.

WACHSMANN (P.), « Crimes contre l'humanité (contestation) : constitutionnalité du régime – Conseil constitutionnel 8 janvier 2016 », *D.*, 2016, p. 521.

➢ Références extra-juridiques

ROUSSO (H.), « Le négationnisme est une parole de haine », *L'Histoire*, n° 294, janv. 2005.

BADINTER (R.), « Le Parlement n'est pas un tribunal », *Le Monde*, 14 janvier 2012.

« Génocide rwandais : à Bobigny, les parties civiles dénoncent le "mépris" de Simbikangwa », *L'Express*, 30 nov. 2016.

« Haine en ligne : Éric Dupond-Moretti ne veut pas que certains puissent « profiter » de la loi de 1881 sur la liberté de la presse », *PublicSénat*, 18 nov. 2020.

BIGOT (C.), « Il n'y aurait pas pire symbole que d'affaiblir la loi de 1881 qui protège la liberté d'expression », *Le Monde*, 26 nov. 2020.

« La journaliste Natacha Polony renvoyée en correctionnelle pour contestation du génocide au Rwanda », *Le Monde*, 18 déc. 2020.

HOCHMANN (Th.), « Vingt ans après sa reconnaissance au Parlement, le génocide des Arméniens est le seul qui échappe à la loi », *Le Monde*, 29 janv. 2021.

« France-Rwanda : un pas décisif vers la vérité », *Le Monde*, 27 mars 2021.

➢ Corpus législatifs

Accords et conventions

Accord concernant la poursuite et le châtiment des grands criminels de guerre des Puissances européennes de l'Axe et statut du tribunal international militaire, Londres, 8 août 1945, Recueil des traités des Nations Unies, vol. 82, pp. 281-301.

Convention pour la prévention et la répression du crime de génocide, New-York, 9 déc. 1948, Nation-Unies, Recueil des Traités, vol. 78, n° 1021, p. 277.

Convention de sauvegarde des Droits de l'Homme et des Libertés fondamentales, Rome, 4 nov. 1950, STE n°005.

Constitutions

Constitution du 4 octobre 1958, *JORF* n° 0234 du 5 octobre 1958, p. 9151.

Déclarations

Déclaration du 26 août 1789 des Droits de l'homme et du citoyen, Recueil Duvergier, p. 44.

Directives

Décision-cadre 2008/913/JAI du Conseil du 28 novembre 2008 sur la lutte contre certaines formes et manifestations de racisme et de xénophobie au moyen du droit pénal.

Lois et propositions de lois

Loi du 29 juillet 1881 *sur la liberté de la presse*, JORF n° 0206 du 30 juillet 1881.

Loi n° 64-1326 du 26 décembre 1964 *tendant à constater l'imprescriptibilité des crimes contre l'humanité*, JORF n° 0303 du 29 décembre 1964.

Loi n° 72-546 du 1er juillet 1972 *relative à la lutte contre le racisme*, JORF n° 0154 du 2 juillet 1972.

Loi n° 90-615 du 13 juillet 1990 *tendant à réprimer tout acte raciste, antisémite ou xénophobe*, JORF n° 0162 du 14 juillet 1990.

Loi n° 2001-70 du 29 janvier 2001 *relative à la reconnaissance du génocide arménien de 1915*, JORF n° 0025 du 30 janvier 2001.

Loi n° 2001-434 du 21 mai 2001 *tendant à la reconnaissance de la traite et de l'esclavage en tant que crime contre l'humanité*, JORF n° 0119 du 23 mai 2001.

Proposition de loi de M. MIGAUD (D.) et autres complétant la loi n° 2001-70 du 29 janvier 2001 relative à la reconnaissance du génocide arménien de 1915, n° 3030, déposée le 12 avril 2006 à l'Assemblée Nationale.

Loi n° 2004-204 du 9 mars 2004 *portant adaptation de la justice aux évolutions de la criminalité*, JORF n° 59 du 10 mars 2004.

Loi n° 2004-575 du 21 juin 2004 *pour la confiance dans l'économie numérique*, JORF n° 0143 du 22 juin 2004.

Loi constitutionnelle n° 2008-724 du 23 juillet 2008 *de modernisation des institutions de la Ve République*, JORF n° 0171 du 24 juillet 2008.

Loi organique n° 2009-1523 du 10 décembre 2009 *relative à l'application de l'article 61-1 de la Constitution*, JORF n° 0287 du 11 décembre 2009.

Proposition de loi de Mme. BOYER (V.) visant à réprimer la contestation de l'existence des génocides reconnus par la loi, n° 3842, enregistrée le 18 octobre 2011 à l'Assemblée Nationale.

Loi n° 2014-1353 du 13 novembre 2014 *renforçant les dispositions relatives à la lutte contre le terrorisme*, JORF n° 0263 du 14 novembre 2014.

Loi n° 2017-86 du 27 janvier 2017 *relative à l'égalité et à la citoyenneté*, JORF n° 0024 du 28 janvier 2017.

Loi n° 2020-766 du 24 juin 2020 *visant à lutter contre les contenus haineux sur internet*, JORF n° 0156 du 25 juin 2020.

Ordonnances

Ordonnance du 7 novembre 1958 *portant loi organique sur le Conseil constitutionnel*, JORF du 9 novembre 1958.

- **Comptes-rendus parlementaires, contributions extérieures et rapports**

Comptes-rendus des débats parlementaires

JOAN n° 18, 2ème séance du 2 mai 1990.

JOS n° 41, séance du 4 mai 2011.

JOS n° 7, séance du 23 janvier 2012.

JOAN n° 72, 2ème séance du 1er juillet 2016.

JOS n° 93, séance du 14 octobre 2016.

Contributions extérieures

HOCHMANN (Th.), *Contribution extérieure appelant le Conseil constitutionnel à saisir l'occasion qui lui est donnée de déclarer l'inconstitutionnalité des deuxième et troisième alinéas de l'article 24 bis de la loi du 29 juillet*

1881, Cons. const., 18 juin 2020, n° 2020-801 DC.

Rapports

Rapport fait au nom de la commission des lois, *Sénat*, n° 337, 31 mai 1990, LEDERMAN (C.).

Rapport fait au nom de la commission des lois, *Sénat*, n° 269, 18 janvier 2012, SUEUR (J.-P.).

Rapport de la Commission au Parlement européen et au Conseil relatif à la mise en œuvre de la décision-cadre 2008/913/JAI sur la lutte contre certaines formes et manifestations de racisme et de xénophobie au moyen du droit pénal, 27 janv. 2014.

La France, le Rwanda et le génocide des Tutsi (1990-1994) – Rapport remis au Président de la République, *Commission de recherche sur les archives françaises relatives au Rwanda et au génocide des Tutsi*, 26 mars 2021, DUCLERT (V.).

➢ **Jurisprudence**

Jurisprudence du Conseil constitutionnel

Cons. const., 23 juill. 1975, n° 75-56 DC.

Cons. const., 19 déc. 1980, n° 80-125 DC.

Cons. const., 25 janv. 1985, n° 85-187 DC.

Cons. const., 7 nov. 1989, n° 89-262 DC.

Cons. const., 27 juillet 1994, n° 94-343/344 DC.

Cons. const., 3 déc. 2009, n° 2009-595 DC.

Cons. const., 28 fév. 2012, n° 2012-647 DC.

Cons. const., 8 janv. 2016, n° 2015-512 QPC.

Cons. const., 26 janv. 2017, n° 2016-745 DC.

Jurisprudence de la Cour de cassation

Cass. crim., 16 juill. 1992, n° 91-86.156.

Cass. crim., 17 juin 1997, n° 94-85.126, *Bull. crim.*, n° 236.

Cass. crim., 29 janv. 1998, n° 96-82.731.

Cass. ass. plén., 12 juill. 2000, Bull. n° 8 (2 arrêts).

Cass. crim., 12 sept. 2000, n° 98-88.201.

Cass. civ. 1ère, 20 déc. 2000, n° 98-13.875.

Cass. crim., 5 nov. 2002, n° 01-88.461.

Cass. crim., 10 mai 2006, n° 05-82.971.

Cass. crim., 11 mars 2008, n° 06-84.712.

Cass. crim., 7 mai 2010, n° 09-80.774.

Cass. crim., 7 juin 2011, n° 10-85.179.

Cass. crim., 5 déc. 2012, n° 12-86.382.

Cass. crim., 14 janv. 2014, n° 12-87.296.

Cass. crim., 6 mai 2014, n° 14-90.010.

Cass. soc., 14 déc. 2014, n° 10-40.050.

Cass. crim., 20 janv. 2015, n° 14-87.279.

Cass. crim., 6 oct. 2015, n° 4632 (15-84.335).

Cass. crim., 26 oct. 2016, n° 15-83.774.

Cass. crim., 29 nov. 2016, n° 15-80.511.

Cass. crim., 27 mars 2018, n° 17-82.637.

Cass. crim., 8 août 2018, n° 18-84.282, inédit (P. D'hondt).

Cass. civ. 1ère, 26 sept. 2018, n° 17-16.089.

Cass. crim., 26 mars 2019, n° 18-81.770 (A. Soral).

Cass. ass. plén., 25 oct. 2019, n° 17-86.605.

Cass. crim., 13 nov. 2019, n° 18-85.263 (H. de Lesquen et Avocats sans frontières).

Cass. crim., 26 nov. 2019, n° 19-80.782.

Cass. crim., 24 mars 2020, n° 19-80.783 (H. de Lesquen).

Jurisprudence du Conseil d'État et avis

CE, avis INT-387525, 28 avril 2013, *in Rapport public 2014.*

CE, 9 janv. 2014, *Ministre de l'Intérieur c. Sté Production La Plume*, n° 374508.

CE, 10 janv. 2014, n° 374528 et n° 374552.

Jurisprudence des juridictions du fond

CA Paris, 26 avril 1983, JurisData n° 1983-022887 (R. Faurisson).

TGI Paris, 1ère ch., 14 février 1990, *Gaz. Pal.*, 1991, 2, Jur., p. 452.

TGI Paris, 17ème ch., 18 avr. 1991 (Faurisson).

Trib. corr. de Paris, 18 novembre 1994, non publié.

TGI Paris, 1ère ch., 21 juin 1995.

TGI Paris, 22 oct. 1996 ; *Légipresse* 1997, n° 139, III, p. 26.

CA Lyon, 7ème ch. A, 17 mai 2006, Ministère public c. Georges T.

Jurisprudence de la Cour européenne des droits de l'homme

CEDH, 7 déc. 1976, *Handyside c. Royaume-Uni*, req. n° 5493/72.

CEDH, 23 sept. 1994, *Jersild c. Danemark*, req. n° 15890/89.

Comm. EDH, 24 juin 1996, *Marais c. France*, req. n° 31159/96.

CEDH, 23 sept. 1998, *Lehideux et Isorni c. France*, req. n° 55/1997/839/1045.

CEDH, 20 avril 1999, *Witzsch c. Allemagne*, req. n° 41448/98.

CEDH, 24 juin 2003, *Garaudy c. France*, req. n° 65831/01.

CEDH, 29 juin 2004, *Chauvy c. France*, req. n° 64915/01.

CEDH, 6 juil. 2006, *Erbakan c. Turquie*, req. n° 59405/00.

CEDH, 14 sept. 2010, *Dink c. Turquie*, req. n° 2668/07.

CEDH, 7 juin 2011, *Gollnisch c. France*, req. n° 48135/08.

CEDH, 17 déc. 2013, *Perinçek c. Suisse*, Section, req. n° 27510/08.

CEDH, 15 oct. 2015, *Perinçek c. Suisse*, gr. ch., req. n° 27510/08.

CEDH, 13 sept. 2016, *Le Pen c. France*, req. n° 52672/13.

CEDH, 3 oct. 2019, *Pastörs c. Allemagne*, gr. ch., n° 55225/14.

TABLE DES MATIÈRES

Structures éditoriales du groupe L'Harmattan

L'Harmattan Italie
Via degli Artisti, 15
10124 Torino
harmattan.italia@gmail.com

L'Harmattan Hongrie
Kossuth l. u. 14-16.
1053 Budapest
harmattan@harmattan.hu

L'Harmattan Sénégal
10 VDN en face Mermoz
BP 45034 Dakar-Fann
senharmattan@gmail.com

L'Harmattan Cameroun
TSINGA/FECAFOOT
BP 11486 Yaoundé
inkoukam@gmail.com

L'Harmattan Burkina Faso
Achille Somé – tengnule@hotmail.fr

L'Harmattan Guinée
Almamya, rue KA 028 OKB Agency
BP 3470 Conakry
harmattanguinee@yahoo.fr

L'Harmattan RDC
185, avenue Nyangwe
Commune de Lingwala – Kinshasa
matangilamusadila@yahoo.fr

L'Harmattan Congo
67, boulevard Denis-Sassou-N'Guesso
BP 2874 Brazzaville
harmattan.congo@yahoo.fr

L'Harmattan Mali
ACI 2000 - Immeuble Mgr Jean Marie Cisse
Bureau 10
BP 145 Bamako-Mali
mali@harmattan.fr

L'Harmattan Togo
Djidjole – Lomé
Maison Amela
face EPP BATOME
ddamela@aol.com

L'Harmattan Côte d'Ivoire
Résidence Karl – Cité des Arts
Abidjan-Cocody
03 BP 1588 Abidjan
espace_harmattan.ci@hotmail.fr

Nos librairies en France

Librairie internationale
16, rue des Écoles
75005 Paris
librairie.internationale@harmattan.fr
01 40 46 79 11
www.librairieharmattan.com

Librairie des savoirs
21, rue des Écoles
75005 Paris
librairie.sh@harmattan.fr
01 46 34 13 71
www.librairieharmattansh.com

Librairie Le Lucernaire
53, rue Notre-Dame-des-Champs
75006 Paris
librairie@lucernaire.fr
01 42 22 67 13

www.ingramcontent.com/pod-product-compliance
Lightning Source LLC
LaVergne TN
LVHW010951061026
849535LV00006B/1666